미래의 부자인 _____ 님을 위해

이 책을 드립니다.

추천의 글

한국시장을 넘어 global market까지 능력을 보여주고 있는 ETF시장의
거물 김남기 대표가 드디어 책을 냈다.

ETF는 그 출발 자체가 파괴적 혁신이다. 저비용으로, 즉시, 더구나 쉽게
여러 종목을 한 번에 사고 팔 수 있는 것만으로도 이미 세상을 변화
시켰다.
그리고 지금은 쏟아져 나오는 상품의 수, 다양함으로 세상을 놀라게
하고 있다.

오랜 기간 단련해 온 그의 혜안이 투자세계를 안내하는 완벽한 지도가
될 것이라 믿는다.

자랑스럽고 기쁘다.

\- 박현주
(미래에셋 Founder, GSO)

당신의 미래, ETF 투자가 답이다

당신의 미래, ETF 투자가 답이다

초판 1쇄 발행 | 2024년 7월 8일
초판 7쇄 발행 | 2024년 11월 25일

지은이 | 김남기
펴낸이 | 박영욱
펴낸곳 | 북오션

주　소 | 서울시 마포구 월드컵로 14길 62 북오션빌딩
이메일 | bookocean@naver.com
네이버포스트 | post.naver.com/bookocean
페이스북 | facebook.com/bookocean.book
인스타그램 | instagram.com/bookocean777
유튜브 | 쏠쏠TV · 쏠쏠라이프TV
전　화 | 편집문의: 02-325-9172　　영업문의: 02-322-6709
팩　스 | 02-3143-3964

출판신고번호 | 제 2007-000197호

ISBN 978-89-6799-821-9 (03320)

*이 책의 저작권 수익은 미래에셋박현주재단에 전액 기부되어 해외교환장학, 미래세대지원 등에 사용될 예정입니다.

*본 도서는 본문에서 언급된 ETF를 포함한 특정 ETF에 대한 투자 권유를 목적으로 하지 않습니다. 본 도서에 언급된 상품을 포함
한 ETF에 투자하실 때에는 해당 상품에 대한 정보를 별도로 충분히 알아보셔야 하며, 본인의 투자목적과 재무상황에 적합한지 등
을 투자전문가와 상담하시거나 신중하게 투자 판단 하시기 바랍니다.

10년 후, 후회하지 않는 현명한 선택

당신의 미래, ETF 투자가 답이다

김남기 지음

북오션

당신의 노후, ETF로 준비하라

행복한 가정은 대개 모습이 비슷하지만,
불행한 가정은 저마다 나름의 이유로 불행하다. – 레프 톨스토이《안나 카레니나》

바야흐로 ETF의 전성시대다. 2002년 10월 14일 단 2개 상품, 순자산 2,880억 규모로 국내에 첫 선을 보인 ETF가 오랜 무명 시절을 거쳐 이제 명실상부한 '국민 재테크' 수단으로 대세의 면모를 과시하고 있다. 2024년 5월 7일 기준 국내 ETF 시장은 순자산 142조를 돌파하여 최초 상장일 대비 무려 500배 가까이 성장하였다. 거래대금 기준으로 보아도 국내 주식시장에서 3주 중에 1주는 ETF로 거래될 만큼 이제 ETF를 모르고서 재테크를 논할 수 없는 시대가 되었다. 투자에 있어서 ETF가 선택이 아닌 필수가 된 것이다.

이러한 ETF의 인기에 힘입어 2023년 한 해에만 국내 ETF 시장에 무려 160개의 ETF가 새로 상장되었고, 이제 거의 매주 새로운 ETF가 출시되고 있다. 우리나라 ETF 시장은 규모 면에서 세계 11위이지만, 800개가 넘는 종목이 상장되어 있어서 종목 수 기준으로는 미국, 캐나다, 중국에 이어 세계에서 네 번째로 다양한 상품을 거래할 수 있는 곳이기도 하다.

ETF가 투자의 대세로 떠오르면서 이제 주변에서 ETF 투자를 시작했다는 말을 심심치 않게 듣게 된다. 하지만 최근 ETF 시장의 경쟁 심화로 유사한 상품들이 우후죽순 쏟아지고, 유튜브, 블로그, 인스타그램 등 SNS에 ETF 관련된 투자 정보가 넘쳐나면서 오히려 투자자들이 너무 많은 선택지에 어려움을 겪고 있는 것은 아닌지 생각해본다.

또한 본질적으로 ETF 투자는 쉽고 단순한 저비용 장기투자인데, 매매가 쉽다는 장점 때문에 단타 매매용으로 활용되는가 하면, 장기적인 관점이 아닌 단기 시황을 따라가는 일부 상품들로 투자자들의 포트폴리오가 채워지고 있는 것은 아닌지 우려스럽다.

이러한 최근의 상황에 오랜 시간 현업에서 ETF 상품개발과 운용을 담당하며 국내 ETF 시장을 만들어온 당사자로서, 이미 ETF에 투자하고 있거나 앞으로 ETF에 투자하고자 하는 투자자들에게 꼭 필요한 ETF에 대한 핵심 지식과 노후 준비를 위해 반드시 알아야 할 핵심 상품에 대해 나누고자 이 책을 준비하게 되었다.

소설 《안나 카레니나》에서 톨스토이가 이야기한 행복한 가정과 같이, 좋은 포트폴리오는 '단순하지만 기본에 충실한' 대개 비슷한 모습을 가지고 있다고 생각한다. 모쪼록 투자자들이 이 책을 통해서 ETF와 조금 더 가까워지고 각자의 상황에 맞는 기본에 충실한 좋은 포트폴리오로 행복하고 평안한 노후를 준비할 수 있기를 기대해 본다.

아울러 이 책은 ETF에 대한 핵심 지식 설명과 주요 상품 소개 외에 2007년부터 약 18년간 ETF 업무를 하면서 겪었던 ETF와 필자 사이에 있었던 개인적인 이야기도 나누는 에세이 형식으로 구성되어 있다. 주요 ETF 상품 설명뿐만 아니라 상품과 관련된 뒷이야기들을 통해서 투자자들께서 ETF 상품과 업계에 대해서 좀 더 이해하고 친근해질 수 있기를 바란다.

자산운용업은 '투자 성과'가 아니라 '투자 철학'을 파는 업이라고 생각한다. 그리고 자산운용업에서 가장 중요한 것은 투자자와의 '신뢰'임을 믿는다. 끝으로 ETF 협업 종사자이자 미래에셋자산운용 TIGER ETF의 운용과 상품개발을 책임지고 있는 사람으로서 투자자의 평안한 노후를 위해 앞으로도 당장 팔릴 만한 상품이 아닌 장기적으로 투자자들이 노후를 준비하는 데 도움이 될 만한 상품을 제공하도록 노력할 것임을 이 자리를 빌어 약속드리면서, 나와 ETF에 대한 이야기를 시작하도록 하겠다.

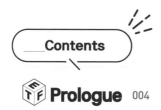

Contents

Chapter 7 은퇴자 및 예비은퇴자들을 위한 연금 투자 솔루션

EXCHANGE TRADED FUND

ETF
처음 만나기

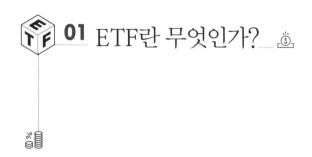

01 ETF란 무엇인가?

먼저 ETF가 무엇인지에 대해서 알아보자. ETF는 'Exchange Traded Fund'의 약자로, 영어를 그대로 풀어서 쓰자면 주식과 같이 상장되어 '거래소 Exchange에서 거래Traded되는 펀드Fund'이다. ETF를 우리말로는 '상장지수펀드'라고 하는데, 특정 지수를 추종하는 '인덱스 펀드'를 거래소에 '상장'시켜 거래하도록 만든 상품이라는 것이다.

그렇다면 '상장지수펀드'라는 이름을 통해서, ETF의 특징이 무엇인지 알아보자.

첫째, ETF는 '펀드'다. 펀드는 펀드매니저라는 전문가가 대신 운용해준다는 간접투자의 특성 외에 동시에 여러 종목에 투자한다는 분산투자의 특징이 있다.

가령, 미국 나스닥 시장에 투자하고 싶은 투자자금 100만원이 있는 투자자가 있다고 생각해 보자. 이 투자자는 100만원을 2024년 5월 현재 1,360원 수준인 미국 달러로 환전하면 740달러 정도를 손에 쥐게 되는데, 개별 종목에 직접 투자한다면 한주 가격이 200달러에 가까운 애플은 고작 3주, 400달러가 넘는 마이크로소프트는 1주밖에 살 수 없을 것이다. 반면에 나스닥100 지수를 추종하는 ETF에 투자한다면 100만원으로 나스닥에 상장되어 있는 우량주 100종목에 한 번에 투자하는 효과를 누릴 수 있다. 펀드의 '분산투자 효과'인 것이다.

둘째, ETF는 펀드 중에서도 지수를 추종하는 '인덱스(지수) 펀드'이다. 인덱스 펀드의 장점은 저보수와 투명성에 있다. 인덱스 펀드는 시장을 이기려는 적극적인 노력을 하지 않는 대신 액티브 펀드 대비 낮은 보수만 투자자로부터 받는다. 낮은 보수로 시장을 소극적으로 따라가면서 부의 복리효과를 극대화하는 전략이다. 그리고 지수를 그대로 따라가기 때문에 ETF에 어떤 종목이 투자되고 있는지 누구나 쉽게 알 수 있다.

투자자들 중에는 1999년 엄청난 인기를 끌었던 'Buy Korea'라는 액티브 펀드를 들어봤을 것이다. 이 펀드의 유명한 캠페인 문구와 같이 상품명을 들었을 때 이 펀드가 한국 주식에 투자할 것이라는 것은 알 수 있겠지만, 이 펀드가 구체적으로 어떤 종목에 얼마만큼을 투자하고 있고, 앞으로는 어떻게 투자될지 투자자는 전혀 알 수가 없다. 일반 공모 펀드의 보유 자산 현황은 대개 3개월 후에 확인 가능할 뿐이다. 하지만 ETF는 보유한 종목을 PDF^{Portfolio} ^{Deposit File}이라는 이름으로 투명하게 매일 공시하므로 누구나 확인이 가능하다.

셋째, ETF는 주식과 같이 '상장'되어 거래가 된다. 거래소에 상장되어 주식과 같이 실시간으로 거래가 되기 때문에 굳이 펀드를 가입하거나 해지하기 위해 은행이나 증권사를 찾아갈 필요도 없고, 기다릴 필요가 없다. 또한 펀드의 경우 설정환매를 할 때 어떤 가격으로 설정 환매되는지 투자자는 알 수가 없지만, ETF의 경우 주식 시장이 열려 있는 시간이면 언제라도 시장 가격을 확인하고 본인이 정한 가격에 사고 팔 수 있다.

정리하면 ETF는 '상장/지수/펀드'로서 펀드의 장점인 분산투자 효과, 특정 지수를 추종하는 인덱스 펀드의 장점인 저보수와 투명성, 그리고 거래소에 상장된 주식과 같은 매매의 편리성이라는 장점을 지닌 금융상품이라는 것을 알 수 있다.

상장	지수	펀드
주식과 같은 매매 편리성	인덱스 펀드의 저보수, 투명성	분산투자 효과

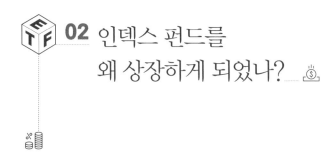

02 인덱스 펀드를 왜 상장하게 되었나?

ETF에 대한 기초 개념을 알았으니 이제 ETF가 어떻게 개발되었는지 살펴보면서 ETF의 특성에 대해 좀 더 깊이 생각해보자.

앞서 언급한 바와 같이 ETF의 시작은 인덱스 펀드다. 특정 지수를 추종하는 인덱스 펀드가 먼저 나오고 그 인덱스 펀드를 상장시킨 것이 ETF인 것이다. 세계 최초의 공모형 인덱스 펀드는 뱅가드의 창시자인 존 보글에 의해서 1976년에 만들어졌다. 존 보글이 만든 최초의 인덱스 펀드의 이름은 First Index Investment Trust로 나중에 Vanguard 500 Index Fund로 이름을 바꾸었으며, 미국 전체 주식시장의 수익률을 추종하는 상품이었다. 존 보글이 전설적인 인덱스 펀드 운용사인 뱅가드를 세우고 최초의 인덱스 펀드를 출시한 계기는, 아이러니하게도 전 직장이었던 웰링턴 펀드에서의 뼈저린 액티브 펀드 사업 실패에 기인한다. 프린스턴 대학교를 졸업하고 웰링턴에 입사하여 어린 나이에 승승장구, 35세에 부사장에 오른 존 보글은 회사의 사업 부문 확장을 위해 그 당시 시대를 풍미했던 Go-Go 스타일의 펀드를 운용하는 투자회사의 인수를 주도하게 된다. Go-Go 펀드라고 하면 소수의 주도주에 소위 '몰빵'하는 전략을 구사하는 극단적인 액티브 펀드인데, 1970년 증시 폭락으로 존 보글의 이 인수 건은 결과적으로 회사에 큰 손실을 끼치게 되고, 존 보글은 손실에 대한 책임을 지고 당시 회사의 CEO 자리에서 물러나게 된다.

존 보글은 50명 남짓한 사람들을 모아 1975년 뱅가드라는 이름의 전문 투자회사를 세우고 지난 액티브 펀드 사업의 실패를 반면교사 삼아 시장을 이기려는 일체의 노력 없이 저보수로 시장을 따라가는 전략의 최초의 공모형 인덱스 펀드, 오늘날의 Vanguard 500 index Fund를 만들었다.

자, 그러면 최초의 ETF는 누가 만들었을까? ETF의 개념은 1990년 캐나다 토론토 증권거래소에 상장된 토론토35 지수참여단위$^{TIPs\ 35}$라는 상품에서 비롯되었지만, 이 상품은 법적으로 ETF가 아닌 영수증 거래 상품이다. 세계 최초의 ETF는 1993년 1월 22일 State Street Global Investors가 출시한 현재 세계 최대의 ETF인 SPDR S&P500(티커명 SPY)이고, 미국증권거래소 AMEX$^{American\ Stock\ Exchange}$의 파생상품 개발 총괄이었던 네이트 모스트$^{Nathan\ Nate\ Most}$에 의해서 개발되었다.

원래 코코넛 오일 등 원자재 매매와 관련된 일을 오랫동안 했던 네이트 모스트는 1976년 62세의 나이에 미국증권거래소의 파생상품 개발 총괄로 새롭게 부임했다. 당시 부진했던 AMEX의 실적을 끌어올리기 위해 고민하던 중 향후 펀드 시장의 성장 가능성에 주목해, 표준화된 인덱스 펀드를 주식처럼 미국증권거래소에 상장하여 주식과 같이 거래시키는 아이디어를 떠올리게 된다. 네이트 모스트가 오랜 기간 몸 담았던 원자재 매매 시장에서는 원자재를 매매할 때마다 창고에서 실물이 실제로 이동하는 대신, 원자재 실물의 소유권을 나타내는 '창고증권'으로 거래하는 관행이 있었다. 이렇게 하면 실물 이동에 따른 비용과 번거로움이 사라져 해당 원자재의 매매가 원활해지고 결과적으로 원자재의 유동성을 높이는 효과가 있었다. 이러한 매커니즘에 착안해 표준화된 인덱스 펀드의 소유권을 나타내는 증서를 상장해서 유동성을 만들고 매매로 인한 증권거래소의 수익을 만들어 내자는 것이 네이트 모스트의 생각이었다.

결과적으로 ETF의 경우에도 일반 펀드와 달리 거래소에 상장되어 거래됨으로써 설정(투자자가 펀드에 가입하여 현금 등이 펀드에 납입하는 것) 환매(투자자가 펀드를 해지하여 현금 등을 되돌려 받는 것) 없이 매매를 통해서 소유권이 이전되게 되어 설정 환매 시 펀드에서 발생되는 매매 비용이 줄고 매매로 인한 기초 자산 시장의 시장 충격이 감소하는 효과가 나타나게 된다.

예를 들어 A라는 투자자가 100만원을 국내 2차전지 일반 공모 펀드에 투자했다고 가정해보자. 이때 펀드매니저는 투자자가 납입한 100만원의 현금으로 펀드에서 2차 전지 주식을 매입하게 되고, 이때 매수에 따른 매매 수수료가 발생하게 된다. 그리고 다음날 B라는 투자자가 100만원을 환매했다고 가정하면 펀드매니저는 다시 100만원에 해당하는 환매 자금을, 현금을 마련하기 위해 주식을 팔아야 하므로 또다시 매도에 따른 매매수수료와 세금이 발생하게 된다. 결국 일반 펀드의 경우 투자자가 펀드에 접근하는 방법은 설정 환매밖에 없으므로 설정 환매가 빈번하게 발생하면 매매로 인한 비용과 시장 충격이 발생하게 되는 것이다.

반면에 ETF는 설정환매 없이 투자자간 시장에서 거래될 경우, 펀드매니저가 기초 자산을 매수하거나 매도할 필요가 없기에 펀드 설정 환매 시 발생하는 매매 수수료나 세금이 절약된다.

아울러 ETF는 거래소에서 실시간으로 매매되는 편의성 때문에 실제 보유한 기초 자산의 유동성보다 ETF가 더 높은 유동성을 제공함으로써 투자자에게 편익을 제공할 수도 있다. 실례로 2008년 리먼 브라더스 사태로 인한 글로벌 금융위기 때 미국 채권 시장에서 채권을 사고 팔아야 할 딜러인 대형 IB은행들이 금융 위기로 제 역할을 하지 못해서 미국의 채권시장 자체가 멈춰서다시피 했는데, 이때 해당 채권을 담고 있는 미국투자등급회사채 ETF와 하이일드 채권 ETF가 IB은행이 아닌 ETF 유동성공급자들에 의해서 거래된다는 사실이 알려지면서 투자자들의 숨통을 터주는 모습을 보여주기도 했다. 참고로 이러한 계기를 통해 미국 ETF 시장에서 채권 ETF가 기관투자자들의 수요를 기반으로 폭발적으로 성장하게 되었다.

결론적으로 다시 정리하자면 ETF는 미국증권거래소의 파생상품 개발 총괄이었던 네이트 모스트가 공모펀드 시장의 성장성에 주목하여 **첫째로 펀드의 유동성을 높이기 위해, 둘째로 펀드의 설정 환매로 발생하는 매매비용과 시장 충격을 줄이기 위해 인덱스 펀드를 상장**하게 되었다.

최초의 ETF 탄생 배경

1993년 State Street Global Advisors의 'SPDR S&P500 ETF'

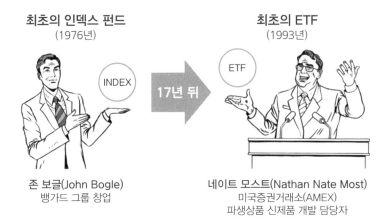

최초의 인덱스 펀드
(1976년)

17년 뒤

최초의 ETF
(1993년)

존 보글(John Bogle)
뱅가드 그룹 창업

네이트 모스트(Nathan Nate Most)
미국증권거래소(AMEX)
파생상품 신제품 개발 담당자

03 인덱스 펀드가 추종하는 '지수Index'란 무엇인가?

ETF의 출발은 인덱스 펀드라고 이야기했는데 그렇다면 인덱스 펀드가 추종한다는 '지수'란 무엇일까?

지수는 한마디로 이야기하면 **'시장의 모습을 특정한 기준으로 표현하는 틀'**이라고 말할 수 있다. 예를 들어 한국의 주식시장이 있는데, 한국의 주식시장의 전체의 모습을 기업의 규모, 즉 시가총액이라는 기준으로 표현한 것을 '코스피 지수'라 하고 그중에서 한국시장을 대표하는 200개 종목을 선정해 이 역시 시가총액이라는 기준으로 표현한 것이 '코스피200 지수'가 된다. 글로벌 시장으로 눈을 돌리면 미국의 주식시장에서 우량주 500개를 모아서 시가총액 방식으로 표현한 것을 'S&P500 지수'라고 하고 일본 시장에 상장되어 있는 우량주 225개를 모아서 시가총액 방식으로 표현한 것을 '니케이225 지수'라고 부르는 것이다.

지수에는 이렇게 시장 전체의 모습을 기업의 규모인 시가총액의 틀로써 표현하는 것도 있지만, 전체 시장 내 특정 산업에 포함된 종목이나 고배당주와 같은 특정한 특성을 가진 종목들만을 추려 모으거나, 종목의 비중 정할 때 시가총액 기준이 아닌 시가 배당률이나 PER, PBR과 기준으로 선정하는 등 다양한 형태로 표현이 가능하다. 최근에는 기존의 섹터 기준으로 표현이 어려웠던 테마주들을 모아서 만든 테마 지수도 투자자들 사이에서 각광을 받고 있다.

아울러 주식시장 뿐 아니라 채권시장, 금, 은, 구리와 같은 원자재 시장 등 다양한 시장과 상품의 가격을 기초로 한 지수도 산출되고 있다.

지수를 만들고 관리하는 기관은 지수 산출자Index Provider라고 하며 지수의 운용이 룰에 따라 엄격하고 객관적으로 이루어져야 하기 때문에 국제 신용평가기관인 S&P 다우존스사나 주요 증권거래소와 같은 공신력 있는 기관에서 주로 산출하고 있다.

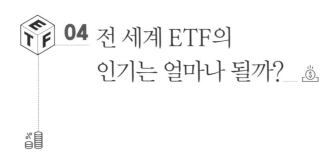

04 전 세계 ETF의
인기는 얼마나 될까?

전 세계적으로 투자자들의 ETF에 대한 관심은 어느 정도인지 알아보자.

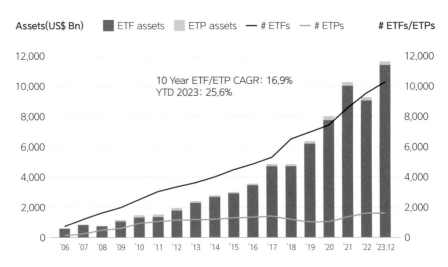

출처: ETFGI ETFs Industry in Global industry insights report December 2023

2023년 12월 말 현재, 전 세계 ETF 시장의 규모는 11.39조 달러로, 원화로 환산하면 약 1.5경원으로 우리나라 GDP의 6배가 넘는 수준이다. 그래프에서 보는 것처럼 10년간 연평균 성장률 16.9%, 2023년 한 해에만 25.6%에 달하는 엄청난 속도로 순자산이 불어나고 있는 것을 알 수 있다.

〈ETF/ETP Assets By Region Listed〉

Region	# ETFs/ETPS	Assets(US$ Bn)	% total
● US	3,383	8,115	69.7%
● Europe	2,948	1,819	15.6%
● Asia Pacific(ex–Japan)	3,218	784	6.7%
● Japan	314	535	4.6%
● Canada	1,102	313	2.7%
● Middle East and Africa	767	45	0.4%
● Latin America	137	23	0.2%
Total	11,869	11,634	100.00%

출처: ETFGI ETFs Industry in Global industry insights report December 2023

전 세계에서 ETF가 가장 활발히 거래되는 나라는 어디일까? 전 세계 ETF 시장의 국가별, 지역별 비중을 살펴보면 세계 경제 규모와 유사하게 ETF 시장에서도 미국이 압도적인 비중과 성장률을 보이는 것을 알 수 있다. 전체 시장 규모의 69.7%를 미국이 차지하고 있으며 다음으로 유럽이 15.6%, 그다음으로는 일본을 제외한 아시아 지역이 6.7%를 차지하고 있다.

전 세계 주식시장에서 미국이 차지하는 비중이 약 50% 정도임을 감안했을 때 미국은 최초의 ETF가 개발된 나라답게 ETF 규모 면에서 실제 주식 시장보다 훨씬 더 높은 비중을 보여주고 있다.

〈ETF/ETP Assets By Asset Class〉

Asset class	# ETFs/ETPS	Assets(US$ Bn)	% total
● Equity	5,973	8,497	73.0%
● Fixed Income	1,451	1,971	16.9%
● Active	2,412	740	6.4%
● Commodities	527	253	2.2%
● Leveraged	588	103	0.9%
● Mixed	105	22	0.2%

● Others	813	48	0.4%
Total	11,869	11,634	100.00%

출처: ETFGI ETFs Industry in Global industry insights report December 2023

전 세계 ETF 시장을 상품 유형별로 나눠 살펴보면 주식형 ETF의 비중이 전체 시장의 73%로 4분의 3가량을 차지하며 채권형이 16.9%로 그 다음을 차지하고 있는 것을 알 수 있다. 기관 투자자에 이어 개인 투자자들도 이제 채권 ETF의 투자를 늘려 나감에 따라 전체 비중에서 채권 ETF의 비중이 꾸준하게 늘어나고 있다. 펀드매니저의 재량에 따라 운용되는 액티브형 ETF는 6.4%를 차지하며, 액티브형 ETF의 비중도 점차 늘어나는 추세다. 과거 우리나라 ETF 시장을 주도했던 레버리지 ETF 유형의 경우 글로벌 시장에서의 비중은 0.9%로 비중이 미미한 것을 알 수 있다. 전 세계적으로 ETF를 통한 장기투자 문화가 확산되고, 테마형 등 새로운 유형의 ETF가 속속 등장함에 따라 레버리지 ETF 유형의 비중은 점차 줄어들고 있는 추세다.

Provider	# ETFs/ETPs	Assets(US$ Mn) Dec-23	% market share
iShares	1,108	3,550,269	30.5%
Vanguard	183	2,552,651	21.9%
SPDR ETFs	263	1,299,773	11.2%
Invesco	402	543,557	4.7%

Schwab ETFs	30	319,397	2.7%
Nomura AM	94	231,592	2.0%
Amundi ETF	352	228,848	2.0%
Xtrackers	310	206,632	1.8%
First Trust	279	155,187	1.3%
JP Morgan	105	153,086	1.3%
Dimensional	40	125,068	1.1%
Mirae Asset	574	109,314	0.9%
Nikko AM	44	106,554	0.9%
Daiwa	34	100,703	0.9%

출처: ETFGI ETFs Industry in Global industry insights report December 2023

글로벌 ETF 운용사 순위를 살펴보면 블랙록의 iShares ETF가 순자산 3.5 조달러로 전 세계에서 가장 큰 규모의 ETF 자산을 운용하고 있다. 블랙록은 글로벌 ETF 시장의 30% 이상을 차지하고 있고, 다음으로는 인덱스 펀드의 창시자 존 보글이 설립한 뱅가드사가 2.5조달러로 전체 시장의 22%로 2위, 전 세계에서 가장 큰 ETF이자 미국의 대표 주가지수 S&P500 지수를 추적하는 SPY를 운용하는 스테이트 스트리트가 1.3조달러로 11%로 3위를 차지하고 있다. 전 세계 상위권 ETF 운용사의 대부분이 미국 자산운용사이거나 일본 중앙 은행의 ETF 자산매입으로 덩치를 불린 일본계 자산운용사가 상위를 차지하는 가운데 국내 기업으로는 유일하게 미래에셋이 1,093억달러, 원화 기준 150조원 수준의 전체 운용자산으로 전 세계 ETF 운용사 중 12위를 차지하는 기염을 토하고 있다.

자, 그러면 국내 시장은 어떨까?

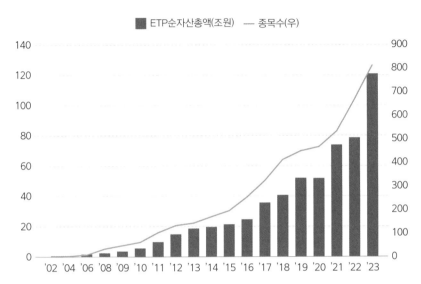

출처: 한국거래소

(단위: 억원, 개, 해, USD)

구분	순자산총액	종목수	글로벌 순자산총액
'02	3,444	4	146
'06	15,609	12	579
'10	60,578	64	1,313
'14	196,560	172	2,674
'16	251,018	256	3,423

'18	410,066	413	4,682
'19	517,123	450	6,192
'20	520,365	468	7,731
'21	739,675	533	10,015
'22	785,116	666	9,029
'23	1,210,657	812	10,747*

* 2023년 11월 말 기준 글로벌 ETF 시장 순자산총액
출처: ETFGI

　국내 ETF 시장은 2002년 10월 14일 상장 종목 수 2개 순자산 2,880억으로 시작하였지만 초반 몇 년간 투자자의 별다른 관심을 받지 못했다. 필자가 ETF 업무를 시작한 2007년만 하더라도 ETF를 투자하는 개인은 좀처럼 찾기 어려웠으며, 일부 인덱스 펀드 매니저들만 차익거래(현물자산과 그 자산을 기초자산으로 하는 선물 중에서 고평가된 자산을 팔고, 저평가된 자산을 사서 차익만큼의 수익을 얻는 매매형태) 목적으로 ETF를 활용하는데 그쳤다. 그러던 중 2008년 리먼 브라더스 사태, 2010년 미국 신용등급 강등, 2011년 유럽 재정 위기 등을 거치면서 저비용의 인덱스 투자에 투자자의 관심이 몰리면서 성장을 시작했고, 2020년 코로나19 사태를 겪으며 발생한 주식 투자 붐에 ETF가 효과적인 투자 수단으로 각광을 받으면서 최근까지 급속한 성장세를 이어나가고 있다.

　이러한 국내 ETF의 성장에는 금융당국의 지원도 한몫했는데, 적극적인 규제 완화와 제도 개선으로 2009년에 아시아 최초로 지수 수익률의 −1배 수익

률을 추구하는 인버스 ETF가 상장되었고, 2010년에는 아시아 최초로 지수 일간 수익률의 2배 수익률을 추구하는 레버리지 ETF가 상장되었다. 아시아에서 최초로 인버스와 레버리지 ETF를 출시한 시장으로서 홍콩, 대만, 태국 등 주요 아시아 국가들의 운용사와 거래소 담당자들이 한국거래소와 국내 운용사들을 방문하여 운용의 노하우와 금융당국의 제도 개선에 대해서 배우고 가곤 했던, 국내 ETF 시장은 아시아를 선도하는 ETF 시장이었다.

금융위기를 통한 투자자의 인식 변화와 혁신적인 상품과 제도 개선으로 국내 ETF 시장은 2023년 말 기준 종목수 812개, 순자산 121조원으로 성장했다.

국내 ETF 시장을 거래대금 측면에서 살펴보면 2023년의 ETF 일평균 거래대금은 3.2조원으로 코스피 전체 평균 거래대금 9.6조원의 33.4%를 차지하여 이제 국내 주식시장에서 3주 중에 1주는 ETF로 거래되는 시대가 열렸다고 할 수 있다. 순자산총액 기준으로 우리나라는 전세계 11위 수준이지만 상장 종목수 기준으로는 4위, 일평균거래대금 기준으로는 미국, 중국에 이어 세번째로 활발하게 ETF가 거래되는 나라이다.

<글로벌 ETF 시장 순위 현황>

(단위: 백만USD, 종목)

종목수			순자산총액			일평균거래대금		
순위	국가	종목수	순위	국가	순자산	순위	국가	거래대금
1	미국	3,212	1	미국	7,516,824	1	미국	149,771
2	캐나다	1,110	2	영국	754,831	2	중국	15,604
3	중국	872	3	일본	507,143	**3**	**한국**	**2,366**
4	**한국**	**809**	4	독일	412,481	4	캐나다	2,073
5	독일	726	5	캐나다	295,803	5	홍콩	2,051
6	영국	661	6	중국	278,190	6	일본	1,403
7	호주	310	7	스위스	224,182	7	영국	1,158
8	프랑스	306	8	프랑스	173,295	8	대만	682
9	일본	279	9	대만	114,451	9	독일	598
10	대만	240	10	호주	109,210	10	스위스	413
	⋮		**11**	**한국**	**94019**		⋮	
				⋮				
합계		10,251	합계		10,747,440	합계		177,839

※ 종목수와 순자산총액은 2023년 11월 말 기준, 일평균거래대금은 2023년 1~11월 일평균
출처: 한국거래소

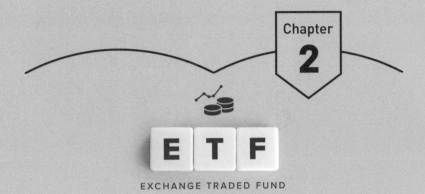

ETF
기초 지식
쌓기

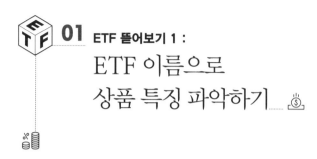

01 ETF 뜯어보기 1 :

ETF 이름으로
상품 특징 파악하기

　먼저 상품명을 살펴보면서 ETF를 만나보기로 하자. 우리나라 ETF의 이름은 기본적으로 '브랜드명 + 투자 지역 + 추종 지수명'으로 구성되어 있다. 브랜드명은 그 상품을 만드는 자산운용회사의 고유 브랜드다. 미래에셋자산운용의 TIGER, 삼성자산운용의 KODEX, KB자산운용의 KBSTAR, 한투운용의 ACE 등이 있다. 브랜드명 뒤에는 투자 지역이 나오고 추종 지수명이 붙는다. 이때 투자 지역이 국내일 경우에는 보통 생략이 가능하다.

　지수명 뒤에는 상품의 특징을 나타내는 단어들이 나오는데 대표적으로 다음과 같다.

PR	Price Return의 약자로, 분배금을 지급하는 상품
TR	Total Return의 약자로, 분배금 지급 없이 재투자하는 상품
레버리지	지수 일간 수익률의 2배를 추구하는 상품
인버스	지수 일간 수익률의 −1배를 추구하는 상품
액티브	지수와의 상관계수 요건을 완화하여 펀드매니저가 재량을 가지고 적극적으로 운용되도록 설계된 상품
(합성)	실물자산이 아닌 증권사와의 스왑계약을 통해 운용되는 합성형 ETF
(H)	환헤지하여 환율 변동에 따른 가격 변동을 없앤 상품

일부 상품의 경우 지수명 뒤에 S&P, 나스닥, Fn, iSelect, INDXX, FACTSET, Solactive 등의 영문이 붙어 있는데, 한때 거래소가 ETF 상품명에 지수산출기관 표시를 의무화하면서 붙은 지수산출기관명인데, 이제는 의무가 없어서 앞으로 나오는 상품에는 없거나 기존 상품에도 상품명 간소화를 위하여 없애는 추세다.

이제 몇 가지 실례를 통해서 해당 상품의 특징을 살펴 보도록 하자.

TIGER 미국 S&P500 PR 레버리지 (합성 H)
브랜드명　투자지역　기초지수　분배여부　추적배수　합성/현물　환헤지

TIGER 미국 테크TOP10 INDXX
브랜드명　투자지역　기초지수　지수산출기관

TIGER 미국 30년국채스트립 액티브 (합성 H)
브랜드명　투자지역　기초지수　운용방식　편입자산　환헤지

TIGER 미국 S&P500 레버리지(합성H)의 경우, 미국 S&P500 지수의 일간 수익률의 2배 수익률을 추구하는 레버리지 상품으로 증권사와의 스왑 계약으로 운용되는 환헤지형 상품이다.

TIGER 미국테크TOP10INDXX의 경우, 지수산출기관인 INDXX사에서 산출하는 미국테크TOP10지수에 투자하는 상품으로 합성 표시가 없으므로 실물을 직접 담아 운용하는 상품이다.

마지막으로 TIGER 미국30년국채스트립액티브(합성H)는 미국30년국채스트립지수에 투자하되 펀드 매니저가 일부 재량을 가지고 적극적으로 운용할 수 있는 액티브 상품으로 증권사와의 스왑 계약으로 운용되는 환헤지형 상품임을 알 수 있다.

02 ETF 뜯어보기 2 :
네이버 증권을 통해서
ETF 정보 파악하기

ETF 상품명을 통해서 개괄적인 상품의 특성을 파악했다면, 이제 좀 더 구체적으로 국내 ETF에 대해서 알아볼 수 있는 방법에 대해 살펴보고자 한다. 국내에 상장된 개별 ETF에 대한 정보를 찾아볼 수 있는 곳은 한국거래소 홈페이지, ETF 운용사 홈페이지, HTS, MTS 등 다양하지만 최근 네이버 증권을 통해서 ETF에 대한 정보를 확인하는 투자자분들이 많으므로 먼저 네이버 증권 화면을 통해서 상품 정보를 확인할 수 있는 방법에 대해 설명하도록 하겠다.

국내 대표적인 해외주식형 ETF인 TIGER 미국S&P500 ETF를 가지고 설명을 시작하도록 하자. 모든 ETF에는 주식과 같이 종목번호가 있다. 네이버 검색창에 'TIGER 미국S&P500', 종목명을 입력하거나 해당 ETF의 종목번호인 '360750'을 쳐보면 다음과 같은 화면이 나온다.

해당 화면에서 종목명 'TIGER 미국S&P500'을 클릭하고 종목 화면으로 들어가 보자.

(1) 종목 화면 : 시세와 투자정보

개별 종목 화면에는 현재가격과 등락율, 전일종가와 거래량 등 기본적인 매매 정보가 나온다. 18,140원은 현재 시장 가격, 18,080원은 전일의 종가, 18,110원은 오늘 장이 시작한 가격인 시가, 18,165원은 현재까지의 가장 높게 거래된 가격인 고가이며 18,095원은 현재까지 거래된 가격 중 가장 낮은 가격인 저가를 나타낸다.

매매 정보 오른쪽에는 기본적인 투자정보를 확인할 수 있다. 시가총액은 해당 상품의 순자산 규모를 나타내고 보통 상장주식수에 현재가격을 곱해서 계산된다. 시가총액 아래쪽에는 해당 상품의 기초지수와 유형, 상장일, 운용사와 펀드 보수를 확인할 수 있다.

펀드 보수에는 운용사가 가져가는 운용보수와 ETF의 판매사격인 증권사에게 지급하는 지정참가회사^{AP} 보수, 펀드가 보유한 자산을 관리하는 은행에게 지급하는 신탁보수, ETF의 기준가격 산출 등의 업무를 수행하는 일반사무수탁보수가 있다. 펀드 보수는 365일간 분할되어 ETF 가격에 차감된다. 현재 거래되는 가격에 해당 보수가 이미 차감되어 있는 것이다. 만일 투자자금이 1,000만원이라면 TIGER 미국S&P500의 펀드보수가 0.07%이므로 투자자가 1년에 부담해야 하는 펀드 보수는 7,000원이 되고 7,000원이 365일 일할로 매일 19원 가량이 차감되는 방식이다. ETF의 1주 가격 기준으로 하면 18,140원을 1년간 투자했을 때 대략 13원의 펀드 보수가 발생하고 일할로 매일 0.03원이 차감되는 것이다.

최근에 투자자들의 ETF에 대한 이해도가 높아져서 펀드 보수 외에 ETF 내에서 주식이나 채권 등의 매매시 발생하는 매매비용과 지수 산출기관에 지급하는 지수 사용료, 펀드가 의무적으로 정기적으로 시행해야 하는 펀드 감사비용 등이 포함된 기타 비용까지도 추가로 확인하여 비교하는 경우가 늘어나고 있다. 펀드 보수는 낮아 보이지만 기타 비용이 높아 실제로 투자자들이 부담해야 하는 비용이 커지는 경우가 종종 있기 때문이다. 높은 기타 비용의 원인은 펀드 내에서 주식과 채권 등을 거래할 때 발생하는 매매 수수료와 스왑 거래에 따른 스프레드 비용 등이 있다. **참고로 기타 비용의 경우 펀드 규모가 커질수록 감소하는 경향이 있으니 기타 비용을 일일이 찾아보기 어려운 투자자들은 순자산이 큰 ETF를 선택하는 것이 좋다.**

다음으로 종합정보 옆에 있는 시세와 차트 섹션을 누르면 구체적인 시세 현황과 차트 분석을 할 수 있다.

(2) 투자자별 매매동향

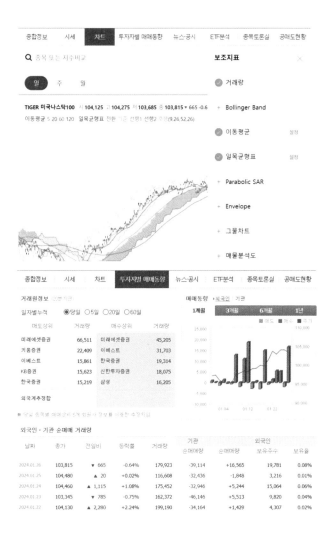

투자자별 매매동향 화면에 들어가면 당일, 5일, 20일, 60일 동안의 누적 매

도, 매수 상위 증권사명과 거래량을 확인할 수 있고 일자별 외국인, 기관 순매매 거래량을 확인할 수 있다.

투자자별 매매동향을 볼 때 ETF의 경우 기관은 대개 ETF의 호가를 제출하는 유동성공급자^{LP}인 증권사가 대부분을 차지한다는 사실을 기억해야 한다. 가끔 신문 기사에 어떤 ETF를 기관이 팔고 개인은 샀다거나 혹은 개인은 팔고 기관이 샀다는 식으로 비교하는 경우가 있는데, 연기금이나 보험사와 같은 기관이 사는 경우도 일부 있겠지만 대부분의 경우 개인 투자자의 매매 물량을 반대편에서 유동성공급자인 증권사가 호가를 제출하면서 사주거나 팔아주는 경우다.

기관·개인 '진검승부'...곱버스 VS. 레버리지 베팅 [이슈N전략]

가령, 이 기사는 2024년 1월 10일 모 경제방송 기사 제목인데, 시장이 빠지면서 개인은 시장 상승에 베팅하는 레버리지 ETF를 사고 시장 하락에 베팅하는 인버스 레버리지, 일명 곱버스 ETF를 매도한 반면에 기관은 레버리지 ETF를 팔고, 곱버스 ETF를 샀다는 내용이다. 외형만 보면 시장의 방향성을 두고 개인과 기관이 서로 다른 전망을 가지고 진검승부를 벌이는 것처럼 볼 수 있지만, 실상은 시장이 하락하면서 가격이 하락한 레버리지 ETF를 개인이 사면서 ETF의 유동성공급자인 증권사(기관으로 분류)가 유동성 공급 의무에 따라 매도한 것이고, 시장 하락으로 곱버스 ETF 가격이 상승하면서 일부 개인 투자자가 차익 실현을 위해 매도한 물량을 유동성공급자인 증권사가 매수한 것이다. ETF 매매의 매커니즘을 모른 채 결과만 놓고 본다면 위 기사와 같이 시장 동향에 대해서 오해할 수 있으므로 주의가 필요하다.

투자자별 매매동향 옆에 있는 뉴스공시 섹션에서는 상품과 관련된 기사와 운용사에서 하는 상품관련 주요 공시사항을 확인할 수 있다.

(3) ETF 분석

이제 ETF 분석 화면으로 들어가보자.

ETF 분석섹션 맨 윗쪽에는 가격 정보 및 시가총액 정보 외에 외국인 지분율 및 1개월, 3개월, 6개월, 1년 기준 과거 수익률을 확인할 수 있다. TIGER 미국S&P500의 외국인 지분율은 0.11%로 대부분의 투자자금이 국내 투자자

들에 의한 것임을 알 수 있다.

상품개요란에는 최초설정일/상장일, 분배금기준일, 그리고 해당 ETF의 시장 유동성 공급을 담당하는 유동성공급자LP 리스트 등을 확인할 수 있다.

ETF의 경우 보통 최초 설정이 먼저 이루어지고 난 다음날 상장이 되기 때문에 각기 다른 최초설정일과 상장일이 존재한다. TIGER 미국S&P500의 분배금기준일은 매 1, 4, 7, 10월의 마지막 영업일 및 회계기간 종료일인 것을 확인할 수 있다. 분배금 지급과 관련하여 최근에는 월분배형이 인기를 끌면서 분기가 아닌 매달 월말이나 매달 15일을 기준으로 분배금을 지급하는 ETF가 증가하는 추세이다. 분배금 지급 기준일에 대해서 한가지 기억해야 할 점은 이런 분배금 지급일은 자산운용사가 ETF의 분배금을 무조건 지급해야하는 날이 아니라 지급할 '수도' 있는 날이라는 점이다. 분배금을 지급하게 된다면 이 날을 기준으로 지급한다는 개념으로 받아들이면 되겠다. 다만, TR 상품이 아닌 경우 1년에 1회 이상은 분배하는 것을 원칙으로 하고 있다. 분배금은 보유한 주식에서 나온 배당이나 채권의 이자, 옵션 매도로 인한 옵션 프리미엄 그리고 지수 대비 초과수익을 거두었을 때 발생하는 지수 대비 초과 수익 등의 재원으로 지급하게 된다.

유동성공급자LP: Liquidity Provider는 ETF를 설정환매할 수 있는 '권한'을 가진 증권사인 지정참가회사AP: Authorized Participant 중에서 시장에서 ETF의 호가를 제출할 '의무'를 가진 증권사를 말한다. 대개는 대부분의 지정참가회사가 유동성공급자 역할까지 맡고 있다. ETF를 상장하기 위해서는 1개사 이상의 유동성공급자를 확보해야 하며, 순자산이 크고 거래량이 많은 ETF일수록 참여하고자 하는 증권사가 많기 때문에 다수의 유동성공급자를 확보하고 있다. TIGER 미국S&P500의 경우 해외주식형 중에서 가장 큰 규모로서 인기가 많은 ETF이므로 무려 17개사의 유동성공급자가 있는 것을 알 수 있다.

(4) 종목토론실

다음은 종목토론실이다. 많은 투자자분들이 네이버의 종목토론실(일명 종토방)을 통해서 궁금증도 해소하고 운용사에 건의하고 싶은 내용들을 간접적으로 알리고 소통하고 있다. 최근 이러한 추세를 반영하여 운용사들도 종토방에 올라오는 내용들을 많이 참고하는 추세이니 필요하다면 활용해 보는 것도 좋을 것 같다.

(5) 국내증시 중 ETF 화면

지금까지 네이버 증권의 TIGER 미국S&P500 ETF 종목 화면을 통해서 개별 ETF의 정보를 확인하는 방법을 알아보았다.

마지막으로 네이버 증권에서 국내에 상장된 전체 ETF 리스트를 볼 수 있는 화면을 살펴보고 이번 장을 마무리하고자 한다. 네이버 증권 국내 증시 화면 왼쪽 하단에 있는 ETF 버튼을 클릭하면 다음과 같은 화면을 볼 수 있다.

해당 화면에서는 국내에 상장된 모든 ETF의 종목명, 현재가, NAV, 거래량, 거래대금, 시가총액(억)을 손쉽게 확인할 수 있다. 기본적으로 시가총액 순으로 정렬이 되어 나오지만 종목명이나 현재가, 수익률을 누르면 해당 조건으로 오름차순, 내림차순으로 검색할 수 있다.

전체 종목 대상 뿐 아니라 국내 시장지수, 국내 업종/테마, 국내 파생, 해외 주식, 원자재, 채권, 기타 등 카테고리별로 구분된 종목들 사이에서 검색할 수도 있다. 해외주식을 클릭하면 기본적으로 시가총액 순으로 정렬이 되어 ETF가 나오며 보는 것처럼 TIGER 미국S&P500 ETF가 해외주식형 ETF 카테고리 안에서 순자산 기준으로 가장 큰 ETF임을 확인할 수 있다.

전체	국내 시장지수	국내 업종/테마	국내 파생	해외 주식	원자재	채권	기타
종목명	현재가	전일비	등락률	NAV	3개월 수익률	거래량	거래대금(백만)	시가총액(억)
TIGER 미국S&P500	18,130	▲ 50	+0.28%	18,028	+8.93%	2,833,839	51,395	34,574
TIGER 미국나스닥100	114,535	▲ 810	+0.71%	113,589	+8.27%	141,014	16,151	33,043
TIGER 미국필라델피아반도체…	18,845	▲ 465	+2.53%	18,508	+13.03%	4,402,458	82,892	25,365
TIGER 미국테크TOP10 INDXX	19,105	▲ 205	+1.08%	18,820	+12.17%	2,109,172	40,245	22,391
TIGER 차이나전기차SOLACTIVE	7,770	▼ 150	-1.89%	7,772	+12.10%	1,578,014	12,340	19,667
KODEX 미국S&P500TR	16,510	▲ 40	+0.24%	16,422	+9.00%	1,327,367	21,926	12,143
ACE 미국S&P500	18,330	▲ 50	+0.27%	18,230	+8.92%	259,057	4,749	10,155
TIGER 미국배당다우존스	11,515	▼ 25	-0.22%	11,503	+5.75%	950,806	10,949	9,235
KODEX 미국나스닥100TR	17,110	▲ 125	+0.74%	16,971	+8.36%	560,705	9,595	8,290
ACE 미국나스닥100	19,685	▲ 145	+0.74%	19,521	+8.28%	271,512	5,343	8,130
TIGER 미국배당+7%프리미엄…	10,315	▼ 15	-0.15%	10,296	+4.27%	1,274,007	13,142	6,803
TIGER 차이나항셍테크	5,910	▼ 165	-2.72%	5,905	+22.73%	2,185,402	12,982	6,185

개별 종목의 검색이 아니라 800개 넘는 국내 ETF 시장에서 상장된 전체 ETF 리스트를 카테고리별, 거래대금 및 순자산 등이 순서로 찾아보고 싶다면 활용할 만한 화면이다.

지금까지 ETF에 대한 기초 정보를 확인하는 방법을 네이버 증권 섹션을 통해서 알아보는데, **개별 상품에 대한 구체적인 투자 정보나 시장 전망 등은 각 운용사 홈페이지나 블로그를 통해서 확인 가능하니, 네이버 증권 화면을 통해서 기본적인 정보를 확인하고 관심있는 ETF의 세부 정보 및 향후 전망 등은 운용사 홈페이지나 블로그를 방문하여 확인**하면 되겠다.

이제 ETF 생태계 및 운용구조, 유동성공급자의 유동성공급 구조 등 ETF 시장의 매커니즘을 깊이 이해할 수 있는 부분에 대해서 살펴보도록 하겠다.

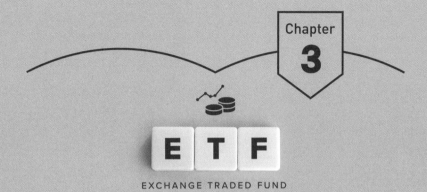

ETF
EXCHANGE TRADED FUND

ETF
심화 학습

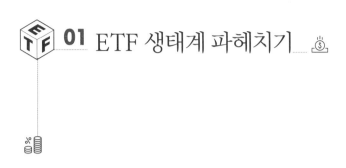

01 ETF 생태계 파헤치기

ETF가 개발되어서 상장되고 원활하게 거래되기 위해서는 다양한 참여자의 노력과 협조가 필요하다. 우리는 이런 ETF 시장의 참여자들이 유기적으로 협력하면서 공존하는 관계를 **ETF 생태계**ETF Ecosystem라고 부른다. ETF 생태계라는 단어를 글로벌 최대 ETF브랜드인 iShares의 최초 운용사인 BGIBarclays Global Investors의 ETF 소개 자료에서 처음 보고 상당히 신선한 충격을 받았던 기억이 있다. 기존의 뮤추얼 펀드 시장과 다르게 ETF는 시장에서 거래되는 상품의 특성상 참여자들 간의 유기적인 협조가 필수적이라는 점을 단적으로 표현하는 단어이기 때문이다. 자연의 생태계가 원활하게 돌아가기 위해서 자연을 이루는 여러 동식물이 각자의 역할을 잘 수행해야 하듯이 ETF가 원활하게 발행되고 거래되기 위해서는 ETF 생태계의 구성원들이 각자의 역할을 충실히 수행하고 유기적으로 협조해야 한다. ETF 생태계의 주요

구성원들에 대해서 알아보자.

(1) ETF 생태계의 꽃, 유동성공급자

ETF를 공부해본 사람이라면 언젠가 한 번쯤 보게 되는 단어가 아마도 AP, LP일 것이다. AP는 지정참가회사Authorized Participant를 뜻한다. LP는 유동성공급자Liquidity Provider로 벤처캐피털 업계에서 이야기하는 LPLimited Partner(유한책임조합원)와는 전혀 다른 개념이며, ETF가 시장에서 원활하게 거래될 수 있도록 호가를 제공해주는 증권사를 말한다.

국내 ETF 시장에서는 국내에서 증권업 인가를 받은 증권사만이 AP, LP가 될 수 있는 자격을 가지며, AP는 ETF를 설정, 환매할 수 있는 '권리'를 가진 증권사인 반면, LP는 AP 중에서 장중에 ETF의 호가 제출 '의무'를 가진 증권사를 말한다.

권리와 의무라는 말만 생각하면 누구라도 의무가 있는 LP는 피하고 권리를 가지고 있는 AP만 하고 싶지 않을까? 근본적으로 맞는 말이다. 인기가 많은 ETF의 경우 호가를 제출하면서 수익을 올릴 수 있지만, 비인기 ETF의 경우 거래소가 요구하는 일정 기준의 호가 제출 의무를 지키지 못할 경우 패널티를 받을 수도 있기 때문이다.

AP, LP 역할을 하는 증권사 담당부서의 경우 ETF에서 발생하는 주식이나 선물 매매를 받는 브로커의 역할을 하는 동시에 ETF 상장 시 초기 펀드의 최초 설정에 필요한 자금을 제공하는 것을 해주는 AP 역할과 상장과 유지에 필요한 유동성공급자 역할을 하기 때문에 ETF 생태계에서 증권사와 자산운용사는 서로 파트너적인 관계다. 일반적으로 주문을 주는 자산운용사는 갑이고, 주문을 받는 증권사는 을의 역할을 하는 것과는 사뭇 다르다고 할 수 있다. ETF 업계는 자산운용사가 지정참가회사인 증권사로부터 ETF 시딩을 받고, 호가 제출 능력이 좋은 증권사를 섭외하기 위해 증권사에 마케팅을 하고 서로 좋은 증권사를 유동성공급자로 확보하기 위해 경쟁한다. 개인적으로 필자는 ETF 업무를 하면서 지정참가회사, 유동성공급자 역할을 하는 증권사를 가장 중요한 고객으로 생각해왔다. 실력 있는 유동성공급자와의 건강한 파트너십을 유지하는 것이 ETF의 호가를 개선시켜 결과적으로 ETF의 질을 높이는 길이고, 그래서 블랙록을 비롯한 해외의 유수 ETF 운용사들의 경우 ETF의 호가만을 집중적으로 관리하고 유동성공급자와의 원활한 커뮤니케이션을 전담하는 조직인 **캐피털 마켓**Capital Market 조직을 가지고 있다. 참고로 국내에서는 미래에셋자산운용의 TIGER ETF만이 유일하게 ETF의 유동성을 전문적으로 관리하고 유동성공급자인 증권사와의 업무 조율 및 마케팅을 담당하는 별도의 캐피털 마켓 본부를 운영하고 있다.

(2) 세계 최고 수준의 경쟁력을 가진 한국거래소

ETF 생태계에서 가장 중요한 업무를 수행하는 곳은 거래소라고 할 수 있다. ETF의 상장 여부를 심사하고 상장된 ETF를 관리하고 ETF 관련한 제도를 만드는 곳이기 때문이다. 한국거래소는 2022년 별도의 ETF 상장심사팀을 신설한 뒤 신상품을 심사하고 상장하는 데 있어서 **글로벌 최고 수준의 높은 생산성을 지닌 조직**으로 탈바꿈했다. 앞서 2023년에만 160개의 신상품이 상장이 되었다고 했으니 한 달에 13개 이상이 상품이 나온 것이다. 상품수로 보았을 때 800개 넘는 ETF 상품을 보유하여 세계 4위에 해당하는 우리 시장의 경쟁력은 거래소 담당자들의 피와 땀의 결과물이라 할 수 있다.

(3) ETF 생태계의 중심, 자산운용사

하지만 누가 뭐라 해도 ETF 생태계의 중심에는 자산운용사가 있다. ETF 상품을 설계하고 AP, LP를 섭외하고 한국거래소와 협의해서 ETF를 만들어 운용을 하고, 투자자들이 장중에 매매할 수 있도록 호가 관리 업무를 하는 중심적인 업무를 하고 있기 때문이다. 일반 공모펀드의 펀드매니저와 달리 ETF의 운용역은 **펀드의 운용뿐 아니라 상품 설계, 유동성공급자 섭외 및 업무 조율 그리고 마케팅까지 ETF 업무의 처음과 끝을 모두 담당하는 특징**을 가진다. 올라운드 플레이어라고나 할까.

특히 ETF 매니저는 마케팅을 담당하는 직원처럼 비즈니스 파트너인 다양한 주체들을 대상으로 마케팅 및 프로모션 활동을 펼친다. 돌이켜보면 필자가 2007년 11월 삼성자산운용의 채권운용본부에서 ETF운용본부로 발령이 나서 제일 처음 수행한 업무도 운용이 아니라 연말 증권사 대상 1박 2일 제주도 행사였다. 유동성공급자 역할을 담당하는 증권사 임원분들을 한분 한분 직접 연락해서 행사를 안내하고 공항에서부터 제주도에 도착해서 행사를 진행하는 1박 2일 동안 마치 여행사 직원처럼 여기저기 뛰어다니던 기억이 난다. 그 이후로도 몇 년간은 ETF 운용을 하는 동시에 1년에 2~3차례 열리는 행사의 진행요원으로서 박스도 나르고 뛰어다니면서 마케팅을 했다. 또한 얼마나 높은 수익을 올렸는지가 중요한 일반 펀드매니저와 달리, ETF 운용은 추적 지수를 안정적으로 잘 따라가는 것이 목적이기 때문에 종목이나 시장의 전망에 대한 고민보다는 얼마나 정밀하게 지수를 따라가면서 오차를 줄일 것인지를 고민한다. 아울러 시간이 지나 시니어 매니저가 될수록 단순 운용보다는 새로운 상품의 개발 및 생태계 비즈니스 발굴이 더 큰 비중을 차지하게 된다.

(4) 경쟁이 치열해지는 지수사업자의 세계

기본적으로 ETF는 인덱스 펀드이기에 추종하는 지수를 가지고 있고, 모든 지수는 전문적인 지수 산출기관이 산출하고 있다. 지수 산출기관은 지수를 산출하고 개발하기 위해 엄청난 양의 데이터를 다루기에 주로 금융공학이나 수학을 전공한 전문가들에 의해 운영이 된다. 국내 주가 지수의 경우 과거 한국거래소와 FnGuide가 과점 체제를 이루고 있었으나, 지수 개발에 대한 수요가 증가하고 시장 성장에 따른 사업성 향상으로 NH투자증권이 운영하는 iSelect, 한국경제신문이 운영하는 KEDI 등 새로운 참여자들이 늘어나고 있다. 해외의 경우에도 해외 증권 거래소나 MSCI, S&P 다우존스, FTSE 등 대형 지수산출자가 주도하는 시장이었으나 해외 지수에 대한 수요 증가로 Indxx, Solactive 등 신규 사업자들이 공격적으로 비즈니스를 확장하면서 경쟁이 치열해지고 있다.

02 ETF의 운용구조 :
실물형, 파생형, 합성형

다음으로 ETF의 운용 구조에 대해서 알아보자. ETF의 운용구조는 크게 **실물형, 파생형, 합성형**으로 나눌 수 있다. 실물형의 경우 주식이나 채권과 같은 실물 자산을 직접 담는 방식이고, 파생형은 실물 자산 대신 ETF의 벤치마크 지수와 동일한 지수를 추종하는 선물을 대신 편입하는 방식으로, 선물을 담고 선물이 만기가 되면 만기가 된 월물에서 새로운 월물로 교체하는 롤오버를 시행하게 된다. 마지막으로 합성형의 경우에는 실물 편입이나 선물 편입이 어려운 경우 해당 지수의 수익률을 증권사와의 스왑 계약을 통해서 받아 운용하는 구조다.

운용의 난이도로 하면, 직접 실물을 편입하는 실물형이 가장 어렵고, 만기 때마다 선물의 월물 교체를 해줘야 하는 파생형이 그다음이고, 증권사와의 계약 관리가 주된 업무인 합성형이 상대적으로 가장 단순하다. 한편 운용에 수

반되는 비용 측면에서 보면 실물을 직접 담은 이후에 별도의 매매가 필요 없는 실물형이 가장 비용이 적게 들고, 그다음 주기적으로 선물 월물 교체 매매를 해야 하는 파생형이 중간, 마지막으로 증권사에게 일방적으로 해당 수익률을 받아야 하는 합성형의 경우 증권사가 해당 수익률을 만들어 내기 위해 필요한 각종 비용에 스프레드 비용까지 들어가는 합성형이 가장 비용이 많이 소요된다고 할 수 있다.

	실물형	파생형	합성형
운용방식	주식이나 채권 같은 실물 편입	선물 편입 (선물 월물 교체 필요)	증권사와 스왑계약
난이도	상	중	하
비용	하	중	상

예를 들어 살펴보면, 우리나라 최초로 500종목을 직접 담아 운용하는 구조인 실물형으로 상장한 TIGER 미국S&P500은 실물형, 펀드명에 '선물'이 들어가 S&P500선물 지수를 추적하는 TIGER 미국S&P500선물(H)는 S&P500선물로 운용되고 환헤지가 되어 있는 파생형, 증권사와의 스왑 계약을 통해 S&P500의 일간 수익률의 2배의 수익률을 받는 TIGER 미국S&P500레버리지(합성H)은 합성형이 되겠다.

합성형으로 상장하게 되면 실제로 운용을 증권사에서 대신 수행하는 구조이기에, 손쉽게 펀드를 출시할 수 있는 반면에 눈에 보이지 않는 스왑 비용이 들어가게 되는데, 최근에는 이러한 점까지 우리 투자자들이 인지하고 있기 때문에 운용사들은 되도록 수고스럽더라도 펀드 비용을 줄이기 위해 실물을 직접 담는 실물형 운용을 추구하고 있다. 비용 측면에서 유사한 지수를 추종하는 ETF일지라도 운용구조가 다르다면 되도록 실물로 직접 운용하는 구조의 ETF를 선택할 것을 추천한다.

펀드명	운용구조	비고
TIGER 미국S&P500	실물형	실물 주식을 직접 편입
TIGER 미국S&P500선물(H)	파생형	S&P500 선물 편입
TIGER 미국S&P500레버리지(합성H)	합성형	증권사와 스왑 계약을 통해 운용

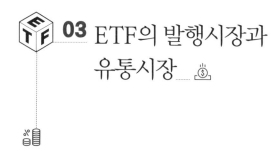

03 ETF의 발행시장과 유통시장

다음은 ETF의 발행시장과 유통시장이라는 개념에 대해서 알아보겠다. ETF를 유통시장인 증권거래소에서만 매매하는 개인 투자자 입장에서 사실 굳이 알 필요가 없는 부분이기도 하나, ETF를 공부하다 보면 한 번쯤은 나올 만한 부분이기에 간단히 설명하고자 한다.

ETF의 발행시장과 유통시장을 알기 쉽게 표현하자면 **발행시장은 ETF의 '도매시장'**이고 **유통시장은 ETF의 '소매시장'**이라고 할 수 있다. ETF의 최종 소비자인 투자자는 거래소를 통해서 ETF를 매수하고, 매도하게 되는데 이를 **ETF의 유통시장**이라고 한다.

투자자가 거래소에서 ETF를 매수하고 매도하게 되면 시장의 호가를 제공해주는 유동성공급자는 투자자에게 물량을 제공하기 위해 운용사로부터 ETF를 설정하고, 반대로 시장에서 매수된 물량은 환매해서 소각하게 된다. 이것이 바로 **ETF의 발행시장**이다. **유통시장에서 ETF는 1주 단위로 거래되지만 발행시장에서의 설정환매의 경우 설정환매 단위인 CU 단위로 이루어지게 된다.** 가령 1CU^Creation Unit이 100,000주라면 설정환매는 ETF 100,000주 단위로 이루어지는 셈이다. Creation Unit이라는 말 자체가 발행시장에서 설정되는 ETF 단위라는 뜻을 가지고 있는 이유다.

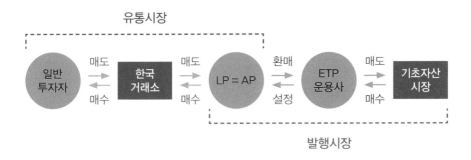

앞서 말한 바와 같이 ETF의 최종 소비자인 투자자는 ETF의 발행시장이 어떻게 돌아가는지 굳이 알지 않아도 ETF 투자에는 전혀 문제가 없지만, 만일 시장이 많이 하락해서 투자자들이 ETF를 많이 매수했다면, 'ETF를 팔아주기 위해 지정참가회사이자 유동성공급자인 증권사가 운용사로부터 ETF 설정을 했겠군' 하고 생각하거나, 반대로 ETF가 많이 올라서 투자자들이 이익실현을 위해서 시장에 ETF를 대량 매도한 경우, '지정참가회사인 유동성공급자들이 시장에서 개인들이 매도한 ETF를 사서 매수된 ETF를 운용사에 환매 청구해서 ETF를 소각하겠군' 하고 이해할 수 있다면 아주 뛰어난 투자자라고 할 수

있겠다.

개인이 ETF를 매수할 때 지정참가회사인 증권사는 ETF를 매도하게 되어 개인은 매수하고 기관은 매도했다는 통계가 나오게 되는데, 앞서 설명한 바와 같이 이럴 때 개인과 기관이 다른 방향으로 대결한다는 식의 분석은 유효하지 않다는 점을 다시 한번 기억하자.

04 ETF 유동성공급자의 역할

이제 ETF 생태계에서 가장 중요한 ETF 유동성공급자 활동에 대해서 알아보자. 먼저 ETF 유동성공급자가 어떤 매커니즘으로 ETF의 호가를 공급하는지 이해하는 것이 중요한데, ETF 유동성공급자 활동의 핵심 매커니즘을 한마디로 표현하면 '**포지션 중립**Position Neutral'이라고 할 수 있다. ETF 유동성공급자의 유동성 공급 활동은 이론적으로 **아무런 위험을 지지 않는 무위험 차익거래**Arbitrage Trading에 기반한다. 어떤 것을 사게 되면 동일한 다른 것을 팔고, 반대로 어떤 것을 팔게 된다면 동일한 성격을 가지는 다른 것을 사는 식이다.

예를 들어 삼성전자 1주로 1CUCreation Unit로 구성된 가상의 ETF가 있다고 생각해보자. 그리고 1CU는 ETF 10주로 구성된다고 가정하자. 현재 삼성전자 1주의 가격이 8만원이라고 하면, ETF 1주의 가격은 8천원이 된다. 삼성전자 1주를 1CU로 하는 이 ETF의 호가를 제출할 때 LP는 ETF 10주가 팔리면 반대로 삼성전자 1주를 사서 포지션을 중립으로 만들게 된다. 반대로 ETF 10주가 시장에서 매수되면, ETF 유동성공급자는 반대로 삼성전자 1주를 매도해서 포지션을 중립으로 만드는 식이다. 그러면 ETF 유동성공급자는 어떤 식으로 수익을 낼까? 바로 이때 사는 가격과 반대로 파는 가격, 반대로 파는 가격과 사는 가격에서 조금 더 싸게 사고, 조금 더 비싸게 매도함으로써 수익을 얻게 되는 것이다.

| ETF 1주 8,000원 | ETF 1주 8,000원 | ETF 1주 8,000원 | ETF 1주 8,000원 | ETF 1주 8,000원 | ETF 1주 8,000원 | ETF 1주 8,000원 | ETF 1주 8,000원 | ETF 1주 8,000원 | ETF 1주 8,000원 |

삼성전자 1주(80,000원)

또한 한국거래소는 모든 ETF가 원활하게 거래되게 하기 위해 ETF 유동성공급자에게 **호가제출 의무**를 부과하고 있다. **최우선매도호가와 매우선매수호가의 차이인 '시장스프레드비율'이 ETF 상장 신청 시 신고한 신고스프레드 비율 이내로 유지되도록 요구**하고, 만일 이를 초과할 경우에는 5분 이내에 양방향 호가를 100주 이상 제출하도록 하고 있다. 거래소가 요구하는 최소 스프레드 비율은 **국내 기초자산의 경우 2%, 해외기초자산의 경우 3%**이지만, 통상적으로 운용사는 그보다 더 타이트한 스프레드 비율을 신고하고 유동성공급자가 그 기준을 충족하도록 요청하고 있다.

  단, 유동성공급자의 호가 제출 의무는 정규시장의 장 개시 단일가 매매 종료시점부터 5분이 경과된 때부터 장종료 단일가매매 개시 전까지인 **오전 9시 5분에서 오후 3시 20분까지**이므로 장시작, 장종료 동시호가 매매나 장 시작 후 5분간의 매매에는 유의해야 한다. **특히 동시호가에는 유동성공급자가 반대로 매매해야 할 주식의 가격 또한 동시호가로 알 수 없기 때문에 정상적으로 ETF의 호가를 제출하는 것이 이론적으로 불가능함을 이해할 필요가 있다.** 앞의 예에서 삼성전자 1주로 구성된 ETF의 경우에 삼성전자이 어떤 가격에 체결될지 유동성공급자도 알 수 없기 때문에 ETF를 8,000원에 매도해야 할지 8,100원에 매도해야 할지 알 수가 없는 것이다. 그러한 이유로 가끔 장종료 동시호가에 대량의 매수매도가 나오는 경우 ETF 가격 급등락이 발생하는 경우가 있는데, 그럼에도 불구하고 불가피하게 동시호가에 매매해야 하는 경우가 있다면 되도록 시장가가 아닌 지정가로 호가를 제출하길 당부한다.

05 ETF에서 중요한 숫자 세 가지 :
지수값, NAV, 시장가격

이제 ETF 이해에 있어서 투자자에게 가장 중요한 숫자 세 가지에 대해서 이야기해보도록 하겠다. 과거에 증권사 지점 PB분들이나 새로 증권부를 맡아서 온 신입 기자분들을 대상으로 종종 ETF 기초 세미나를 하곤 했었는데, 그때마다 마지막에 **"다른 건 다 잊어도 되는데 오늘 이것 하나만은 꼭 기억하고 가세요"** 하면서 설명했던 것이 바로 'ETF에서 중요한 숫자 세 가지'다.

ETF에 중요한 세가지 숫자는 바로 지수값, ETF의 순자산가치인 NAV, 그리고 ETF의 종가다. 이 세 숫자가 중요한 이유는 이 세 숫자를 바탕으로 ETF의 질을 평가할 수 있는 추적오차와 괴리율이 계산되기 때문이다. 각각의 의미를 알아보자.

(1) 지수값

ETF가 추종하는 지수의 가격을 말한다.

(2) ETF의 순자산가치 NAV(Net Asset Value)

ETF가 보유한 자산을 평가한 가격으로, 펀드의 기준가격과 동일한 개념이다. 일반 펀드와 다른 개념이라면 ETF는 실시간으로 거래되는 특성상 iNAV^Indicative NAV라고 하는 실시간 기준가가 산출된다.

(3) ETF의 시장가격

ETF가 시장에서 거래되는 가격을 말한다.

(4) 추적오차와 괴리율

> **추적오차** : ETF 순자산가치와 지수의 차이
> **괴리율** : ETF 순자산가치와 시장가격의 차이

ETF의 추적오차와 괴리율은 지수값과 ETF의 순자산가치, 시장가격을 바탕으로 계산되는 숫자로 ETF의 질을 나타내는 핵심 지표이다. **ETF가 추종하는 지수의 지수값과 순자산가치의 수익률 차이를 추적오차**라고 하며 이는 펀드 매니저가 얼마나 지수와 오차없이 운용을 잘했는지 나타내는 척도이다. 추적오차가 작은 ETF일수록 펀드매니저가 운용을 잘한 ETF라고 할 수 있다.

ETF의 순자산가치와 시장가격의 차이는 '괴리율'이라고 하는데, ETF가 실제로 시장에서 얼마나 자신의 본질가치에 맞게 거래되고 있는지 나타내는 척도다. 괴리율이 작을수록 호가 관리가 잘 되고 있는 좋은 ETF다.

기존 인덱스 펀드와 ETF가 다른 점은 시장에서 거래된다는 점이며, 그런 면에서 추적오차, 즉 운용의 질을 평가하는 기준은 공통적으로 적용된다. 하지만 '괴리율', 즉 시장에서 거래되는 유동성의 질은 ETF에만 적용되는 기준이다. 아무리 운용이 잘 되고 있는 ETF라고 할지라도 시장에서 매매할 때 순자산가치 대비 비싸게 사야 하거나 싸게 팔아야 한다면 좋은 ETF라고 할 수 없을 것이다. ETF의 시장 유동성, 호가 관리가 중요한 이유다. 따라서 앞서 언급한 바와 같이 글로벌 주요 ETF 운용사들은 ETF 운용조직 외에 캐피털 마켓이라고 하는 ETF의 유동성만을 전문적으로 관리하는 별도의 조직을 갖추고 있고, 국내에서는 미래에셋 TIGER ETF가 유일하게 캐피털 마켓 본부를 운용하고 있다.

06 좋은 ETF 손쉽게 찾는 법 :

순자산, 거래량

좋은 ETF란 무엇일까? 위에서 살펴본 바와 같이 펀드 매니저가 운용을 잘해서 ETF의 순자산가치가 지수와 '추적오차'없이 잘 운용되고, 시장에서의 유동성 및 호가 관리가 원활하여 ETF의 순자산 가치와 시장가격의 차이인 '괴리율'이 적은 ETF가 좋은 ETF라고 할 수 있다. 그렇다면 투자자들은 이런 ETF를 어떻게 찾을 수 있을까? 솔직히 이야기해서 동일한 지수를 추적하는 ETF의 추적오차와 괴리율을 투자자가 일일이 비교하는 것은 쉬운 일은 아니다. 800개가 넘는 ETF의 추적오차와 괴리율을 투자자가 직접 일일이 비교하기가 어렵기 때문이다.

투자자 입장에서 좋은 ETF를 고르는 손 쉬운 방법은 순자산이 크고, 거래량이 많은 ETF를 선택하는 것이라고 할 수 있다. 이미 많은 사람들의 검증을 통해 많은 자산이 모였고, 거래도 활발하다는 것이기 때문이다. 특히 순자산 규모가 클수록 눈에 보이지 않는 기타 비용도 감소하는 경향이 있으므로 ETF의 규모는 가장 주목해야 할 지표라고 할 수 있다. 전체 ETF의 순자산 규모는 앞서 설명한 네이버 증권 ETF 화면에서도 손쉽게 찾아볼 수 있으니 투자 종목을 선택하기 전에 순자산 규모와 거래대금을 확인하고 종목 선정을 하길 바란다.

ETF
EXCHANGE TRADED FUND

ETF 투자
시작하기

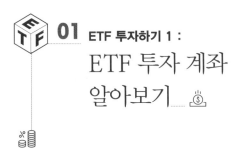

01 ETF 투자하기 1 :
ETF 투자 계좌
알아보기

자, 이제 ETF에 대한 기본 지식을 공부했으니 본격적으로 ETF를 투자할 수 있는 방법에 대해서 알아보자. ETF에 투자하는 방법은 기본적으로 일반 주식에 투자하는 방법과 동일하다. 다만 ETF를 매매할 수 있는 계좌는 여러 가지가 있는데, 본인의 투자 여건에 맞게 현명하게 계좌를 선택하는 것이 중요하다. ETF를 투자할 수 있는 계좌는 (1) 일반 주식 계좌 (2) IRP와 연금저축 계좌 (3) 중개형 ISA계좌 (4) DC형 퇴직연금 계좌가 있다.

(1) 일반 주식 계좌

일반 주식을 매매할 수 있는 계좌로 별도의 세제 혜택이 없지만 입출금의 제한없이 자유롭게 투자할 수 있는 장점이 있다. 국내 주식형 ETF의 경우 국내 주식과 같이 매매차익에 대해 비과세되므로 일반 주식 계좌에서 매매해도 매매 차익에 대해서 별도의 세금이 부과되지 않는다.

	국내주식형 금융상품	해외에서 거래되는 금융상품(주식/ETF 등)	국내에서 거래되는 해외주식형/채권형 및 기타 금융상품
매매차익 과세방식	비과세	양도소득세	배당소득세
세율	–	22% (기본공제 250만원)	15.4%
금융소득 종합과세	×	×	○ (연 2천만원 이상)

다만, 국내 주식형을 제외한 다른 모든 ETF, 해외주식형, 채권형, 금리형 ETF 등은 매매차익에 대해서 15.4%의 배당소득세가 부과되고 해당 소득은 금융소득 종합과세에 포함되게 된다. 아울러 ETF가 지급하는 분배금의 경우 15.4%의 배당소득세가 부과되는데 이는 국내 주식형 ETF와 기타 ETF 모두 동일하게 적용된다.

참고로, 미국 등 해외에 상장된 역외 ETF의 세제를 살펴보면, 역외 ETF에 투자했을 때 발생하는 매매차익은 기본공제 250만원이 적용되며, 250만원을 초과하는 이익에 대해 22% 양도소득세가 적용된다. 또한 과세 대상 이익 계산시 실현된 이익과 손실을 상계해준다. 다만, 해외에 상장된 ETF에서 받는 분배금의 경우에는 국내 상장 ETF에서 받는 분배금과 동일하게 15.4%의 배당소득세가 부과되고 금융소득 종합과세에 포함된다는 점은 유의해야 한다.

〈세제혜택 계좌별 ETF 투자 제한 사항 비교〉

구분	ISA(중개형)	개인연금	퇴직연금(DC/IRP)
투자가능 상품	ETF/펀드/주식 등	ETF/펀드 등	ETF/펀드/예적금 등
위험자산 투자한도	없음	없음	위험자산 최대 70%
레버리지/인버스	가능	불가	불가
선물 투자 ETF	가능	가능	불가
합성형 ETF	가능	가능	가능(일부만)
상장인프라/리츠	가능	가능*	가능
매매수수료	있음	있음	없음

* 연금저축펀드의 운용방식 및 투자대상 확대(2022.10.07)에 따라 10월부터 개인연금 내 공모 리츠 투자 가능. 단, 거래 가능 시점은 증권사별 상이

(2) IRP와 연금저축 계좌

다음으로 ETF를 매매할 수 있는 계좌에는 연금저축계좌와 IRP계좌가 있다. IRP는 Individual Retirement Pension의 약자로서 개인퇴직연금계좌를 말한다. 연금저축계좌와 IRP계좌는 세액공제와 과세이연이 되는 장점을 가지며 합산하여 연간 1,800만원까지 납입이 가능하다.

연금저축계좌는 누구나 가입이 가능하지만 IRP의 경우 소득이 있는 사람만 가입할 수 있다. 또한 ETF 투자에 한해서 이야기한다면 IRP계좌는 DC형 퇴직연금 계좌와 동일하게 위험자산 비중이 최대 70%로 제한되어 30%는 채권 및 채권혼합형 등의 안전자산으로 채워야 한다. 두 계좌 모두 레버리지/인버스 ETF의 투자가 제한되며, 선물형 ETF의 경우 연금저축계좌에서만 투자할

수 있다.

두 계좌의 차이는 환금성에서도 찾을 수 있는데, 연금저축계좌의 경우 일부 인출이 가능하나 IRP계좌의 경우 일부 인출은 불가능하고 특정한 사유에 한해 전액 인출만 가능하여 환금성이 떨어지는 단점이 있으므로 가입과 납입에 신중해야 한다.

(3) 중개형 ISA계좌

ISA계좌는 Individual Savings Account의 약자로 개인종합자산관리계좌라고 불리며, 다양한 금융상품을 한 계좌에서 운용할 수 있는 만능통장으로 2016년 출시되었으나 출시 당시 애매한 혜택으로 인해 크게 빛을 보지 못하다가 최근 규정 개정을 통해 진정한 만능통장으로 거듭나게 되었다.

결론적으로 이야기한다면, 활용할 ISA 한도가 남아 있는 경우 ETF 투자에 ISA계좌를 최우선적으로 활용하기를 권한다. 특히나 매매차익이 비과세되는 국내 주식형 ETF 투자가 아닌 매매차익에 대해 배당소득세를 적용받고 금융소득종합과세에 합산되는 해외주식형 및 채권형 등의 ETF에 투자할 경우 ISA계좌의 활용을 우선적으로 고려해야 한다.

ISA계좌의 경우 연간 납입 한도도 있고, 세제 혜택을 받기 위해서 3년 의무보유기간 요건이 있으나 중간에 현금이 필요한 경우 세제 혜택만 포기하면 자유롭게 인출이 가능하므로 환금성에도 제약이 없다고 하겠다.

(4) DC형 퇴직연금 계좌

마지막으로 ETF를 투자할 수 있는 계좌는 DC형 퇴직연금으로 과거에는 증권사가 퇴직연금 사업자인 경우에만 ETF 매매가 가능했지만 최근 은행 및 보험사들도 투자자들의 투자 수요에 맞춰 ETF 매매가 가능해지는 추세이다. DC형 퇴직연금 계좌의 경우 IRP계좌와 동일하게 안전자산 비중 30%의 요건을 지켜야 하며 퇴직금이기 때문에 중도 인출이 어렵다는 단점이 있지만, 중간에 발생한 모든 이익과 분배금에 대해서 세금이 원천징수되지 않고 이연된다는 장점이 있다.

결론적으로 정리하면 아래와 같다.

① 세제상 이익

일반 주식 계좌 < DC형 퇴직연금 계좌 < 중개형 ISA계좌 < 연금저축계좌 = IRP계좌

	과세 이연	세액공제	분리과세
일반주식계좌	×	×	×
DC형 퇴직계좌	○	×	○
중개형 ISA계좌*	○	×	○
연금저축계좌	○	○	○
IRP계좌	○	○	○

* 3년 만기 이후 비과세 한도 및 분리과세 혜택

② 환금성

일반 주식 계좌 > 중개형 ISA계좌 > 연금저축계좌 > IRP계좌 = DC형 퇴직연금 계좌

- **일반 주식 계좌** : 출금에 아무런 제한이 없음
- **중개형 ISA계좌** : 세제 혜택을 받을 수 있는 3년 만기 이전이라도 납입 원금에 대해서는 언제든지 출금이 가능
- **연금저축계좌** : 중도 출금 가능하나 세액 공제 받은 금액에 대해서는 16.9% 기타 소득세 납부 필요, 저리의 담보 대출 가능
- **IRP와 DC형 퇴직연금 계좌** : IRP의 경우 일부 인출 불가하며 전액 인출만 가능하며 두 계좌 모두 법률에서 정하는 특별한 경우를 제외하고 원칙적으로 출금이 어려움

02 ETF 투자하기 2 :
투자 계좌 선택 시
고려사항

ETF에 투자할 수 있는 다양한 계좌가 있기 때문에 오히려 선택에 어려움을 느낄 수 있는데, ETF 투자에 앞서 다음과 같은 사항을 고려하여 투자 계좌를 정하길 권한다.

① 투자 목적과 투자 기간을 먼저 결정한 이후에 계좌를 선택한다.

② 종잣돈 마련이 목적인 투자자의 경우 중개형 ISA계좌를 목돈 마련의 수단으로 우선 활용하기를 추천한다.

③ 55세 이후 노후자금 마련이 목적이라면 연금저축계좌를 우선적으로 활용하기를 추천한다.

④ 3년 미만의 단기 투자용이라면 일반 계좌를 활용하기를 추천한다.

⑤ 구체적인 투자 기간이나 투자 목적이 없는 상황에서 ISA계좌 여유 한도

가 있다면 중개형 ISA계좌를 ETF 매매로 우선 활용하기를 추천한다.

⑥ IRP, 연금저축 계좌는 55세까지 유지해야 하고, 중도 인출도 까다로우므로 세제 혜택만 보고 무턱대고 납입하지 않는다.

⑦ 국내 주식형 ETF의 경우 일반 계좌에서도 매매차익이 비과세 되므로, 비과세 계좌에서는 되도록 해외주식이나 채권형 ETF을 우선으로 매매한다.

특히, 많은 투자자가 연말 세액공제 혜택만 보고 무턱대고 IRP와 연금저축 계좌의 세액공제 한도 금액을 먼저 채우는 경향이 있는데, 젊은 투자자들의 경우 앞으로 결혼이나 주택 마련 등으로 불가피하게 해지할 경우 그동안 받은 세액공제율보다 높은 기타소득세(16.9%)를 부담하고 인출해야 하므로 본인의 자금계획을 고려하여 신중하게 접근할 필요가 있다.

이에 반해 중개형 ISA의 경우, 3년 이상 유지해야 세제 혜택이 있으나 중도에 인출할 경우에도 기존의 세제 혜택을 받지 못할 뿐 별도의 페널티 비용이 없으므로 여유 한도가 있다면 우선적으로 활용할 것을 권한다.

03 ETF와 나의 이야기 1 :

내가 ETF를 만나게 된 계기

지금까지 ETF를 투자하기 위한 기초와 심화학습 그리고 실제로 매매하기 위한 계좌 선택법에 대해서 알아보았다. 이쯤해서 이 책이 ETF 투자 에세이인 만큼 나와 ETF 사이에 있었던 첫 번째 이야기, 내가 ETF를 만나게 된 계기에 대해서 이야기하고자 한다.

국내에 ETF가 처음 도입된 것은 2002년으로, 2002년 10월 14일 지금은 당시 삼성투신운용의 KODEX, 그리고 과거 우리자산운용, 현재 키움자산운용의 KOSEF가 코스피200 지수를 추종하는 ETF인 KODEX200과 KOSEF200를 국내 최초로 상장하였다. 필자가 대학을 졸업하고 자산운용사에 입사한 것은 2003년으로 당시 삼성투신운용에 펀드 기준가를 산출하는 신탁회계팀에서 직장생활을 시작하였다. 한 학기를 휴학한 탓에 가을 학기 졸업을 앞두고 학기 초였던 3월에 학교 취업 게시판에 올라온 '#삼성', '#금융', '#회계'라는 단어만 보고 시험 삼아 처음으로 입사 원서를 낸 곳이었는데, 5월에 덜컥 합격하였다며 학기 중에 출근하라는 합격 통지를 받은 것이다.

지금도 아는 사람이 거의 없는 펀드 회계, 신탁 회계 업무는 펀드매니저가 주식과 채권 등의 매매를 끝내고 남은 자금을 콜론 등에 투자하는 자금 시장의 운용지시까지 마치면 그 매매 자료를 입력하고 매매 결과를 계산해서 펀드의 기준가격(ETF의 NAV)을 산출하는 일을 수행하는 것을 주된 업무로 한다.

자산운용사의 가장 후선 업무인 셈인데 모든 업무가 마감되고 시작되는 업무다 보니 그 당시 빠르면 10시 늦으면 새벽 1~2시에 끝나는 게 다반사였다. 처음 출근하던 날, 저녁 9시까지 아무 일 안 하고 눈치를 보던 나를 당시 신탁회계팀 팀장님께서 회의실로 불러서는 **"오늘은 첫날이니까 일찍 가"**라고 하셨을 때의 충격과 공포를 아직도 잊지 못한다. '아니, 다른 사람들은 도대체 몇 시에 퇴근을 하는 것인가' 하면서….

처음 지원한 회사였고, 아직 학기 중이었으며, 앞으로 은행권 등 대기업에 지원할 기회도 있다고 생각했기에 출근한 지 2주 만에 "적성에 맞지 않아 포기하겠다"고 퇴사 통보를 하게 되었다. 보통은 아직 수습인 사원이 퇴사한다고 하면 별다른 면담없이 그냥 보내주는 것이 일반적일 텐데, 사원증을 반납한 후에 당시 인사와 재무를 총괄하던 CFO^{Chief Financial Officer}(최고재무관리임원)께서 잠시 회의실로 들어오라면서 퇴사 처리 후 면담이 시작되었다. 이미 떠나기로 해서 사원증도 반납한 나에게 그분은 **"어린 사람이 고작 2주 해보고 포기하는 게 말이 되냐? 이런 자세로 일하면 어디서도 성공하지 못한다. 다른 곳에서는 이러지 말라"**며 훈계를 하셨다. 그 순간 머릿속에 인생의 두 가지 선택에 대한 생각이 들었다.

'지금 가만히 있다가 이 회의실을 나가면 영영 나는 여기 이 사무실과 이분들을 못 보고 다른 인생을 살게 될 것이다. 하지만 지금은 내 결정을 되돌릴 수 있는 얼마 남지 않은 내 인생의 마지막 시간이다…'

이야기가 거의 마무리되어 가던 도중 문득 말씀드렸다.

"죄송한데, 저 그냥 다시 다니겠습니다."

"으…응? 뭐라고?"

"퇴사하기로 한 거 취소하겠습니다."

"어 그래? 어이~ 인사팀장, 애 그냥 다닌다는데? 이 서류 찢어버려."(퇴직원을 흔들며)

그렇게 나의 삼성투자신탁운용에서의 회사 생활이 다시 시작되었고, 2019년 10월까지 무려 17여 년을 이 회사에 다니게 되었다.

마음을 고쳐 먹고 열심히 일한 결과, 운좋게 나는 입사한 지 1년여 만에 자산운용사의 꽃이라고 할 수 있는 펀드매니저가 될 수 있는 채권운용본부의 '채권트레이더'로 발탁되어 채권 운용의 업무를 시작할 수 있었다.

채권 운용역은 기본적으로 수조원의 자금을 굴리며 매일같이 수천억원의 채권을 매매하는 자리이기에 상당히 화려한 자리였다. 밥 한번 먹자는 사람이 줄을 섰다. 그 당시 비위 근절을 위해 회사 차원에서 증권사 브로커와의 저녁은 금지되어 있었기에, 점심 약속은 이미 6개월치가 잡혀 있을 정도였다. 1년 반 정도 채권트레이더 역할을 성공적으로 마무리하고 MMF, 머니마켓펀드 주니어 매니저 역할 등을 수행하면서 3년여간 채권 운용역으로 양성되어 가던 시기, 그 당시 나는 속으로 말 못 할 고민을 하고 있었다. 채권 운용역이 화려하긴 하지만 이미 채권운용업계가 이미 성숙기에 접어들어 있었기에 기존의 틀에서 내가 남들보다 좀 더 높은 수익을 내는 것 외에는 바꿀 수 있는 것도, 새로 만들 수 있는 것도 없어 보였기 때문이다. 그리고 결정적으로 초과 수익을 거두기 위해 고민해야 하는 채권 운용역이라는 자리에 맞지 않게 내가 수익이 날 때의 기쁨보다 손실이 발생했을 때의 고통이 더 큰 사람이라는 것을 깨닫게 된 것도 고민의 한 가지 이유였다.

입사 2주 이후 앞만 보고 달려왔던 내게 처음으로 닥친 고민이었다. '앞으로 무슨 일을 하면 좋을까' 고민하던 중, 입사한 지 2주 만에 그만두겠다는 나를 호되게 혼내시던 그 CFO 임원분께서 내 마음을 어떻게 아셨는지, 앞으로 ETF가 유망해 보이는데 ETF 업무를 해보는 건 어떠냐는 제안을 하시는 것 아닌가? 그 당시 나는 ETF에 대해 아무것도 아는 것이 없었지만 이제 막 서른이 된 시기였기에 만약 실패하면 다시 채권시장에 돌아오면 된다는 생각으로 그 당시 남들이 우러러보던 자리를 박차고 당시 아무도 관심을 가지지 않았던 ETF 시장에 뛰어들었다.

부서 이동을 결정하고 당시 채권운용본부 CIO^{Chief Investment Officer}(최고투자책임임원) 임원과 했던 마지막 면담이 생각난다.

"채권트레이더, MMF 매니저, 채권혼합형펀드 운용역까지 채권 시장에서 펀드매니저 엘리트 코스로 양성되고 있는데, 아무것도 없는 ETF로 옮기는 게 말이 됩니까? 얘기를 들어보니 CFO 임원이 권했다고 하는데, **그 사람을 그렇게 믿어요?**"

맞는 말씀이었다. 누가 봐도 옮길 이유가 없는 상황이었다. 하지만 그 당시 나는 채권 운용역으로서의 장기적인 한계에 대해서 고민하고 있었고, 잘 모르지만 새로운 영역에 도전해보고 싶었다. 그 길이 아니다 싶으면 그때 다시 고민하면 된다고 생각했다. 구차하게 변명하기도 싫거니와 평소에 존경하는 그 CFO께서 하신 ETF 시장에 대한 전망에 대한 막연한 기대감도 있었기에 담담하게 이야기했다.

"네, 믿습니다."

면담은 끝이 나고, 내 대답에 황당한 얼굴을 한 채권운용본부 CIO께서 쾅하고 문을 닫고 나가버렸다. 별 이상한 녀석 다 보겠다는 표정이었다.

2007년 인덱스와 ETF에 대한 장기 성장성에 대한 통찰력으로 내가 스스로 회사에 ETF로 보내달라고 자원해서는 아무것도 없는 시절, 밑바닥부터 기어서 여기까지 왔다면 정말 더 멋있고 좋았겠지만, 고백하건대 사실 그 당시 나는 ETF가 뭔지도 잘 모르고 채권과는 다른 주식 기반의 전혀 다른 업무라는 점만 가지고, 그리고 나보다 더 경험이 많은 존경하는 대선배님의 인사이트에 대한 믿음으로 ETF 업무에 뛰어 들었다. 그리고 지난 17년간 ETF 운용과 상품개발이라는 한가지 일만 하면서 여기까지 오게 되었다.

돌이켜보면 2주만에 퇴사하기로 결정하고 했던 마지막 면담에서의 그 짧은 순간과 새로운 일에 도전해 보자는 젊은 객기와 무모함에 ETF라는 새로운 업무의 우연과 인연이 얽혀 여기까지 오게 된 것이다.

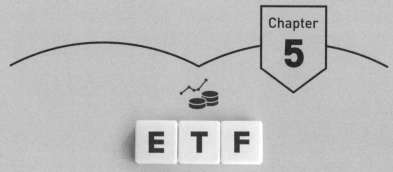

노후 준비에 적합한 ETF 알아보기 1

      이제 ETF에 대한 탄탄한 기초도 잡히고 내가 어떻게 ETF 업무를 시작하게 되었는지도 들었으니 본격적으로 이 책의 주제인 노후 준비에 적합한 ETF에 대해서 알아보도록 하겠다. 가장 먼저 소개할 상품은 노후 준비를 위한 ETF 투자에 가장 근본이 되어야 한다고 생각하는 미국 주식시장, 그 중에서도 미국 주식시장을 대표하는 지수인 S&P500이다.

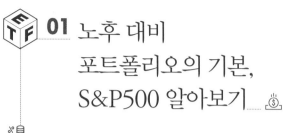

01 노후 대비 포트폴리오의 기본, S&P500 알아보기

미국의 S&P500 지수는 '오마하의 현인' 워런 버핏이 본인의 유언장에 남긴 상품으로 유명한 지수다. 워런 버핏의 유언장에 따르면 **"본인이 죽으면 남은 돈의 90%는 S&P500을 추종하는 인덱스 펀드에 투자하고 10%는 단기채권에 투자하라"**고 했다고 한다. 워런 버핏도 최고의 투자처로 단연코 S&P500을 꼽은 것이다. 그렇다면 과연 주식 투자의 귀재 워런 버핏은 왜 특정 종목이 아닌 S&P500을 추종하는 인덱스펀드에 투자하라고 했을까? 지금부터 S&P500에 대해서 차근차근 알아보도록 하자.

S&P500 지수는 세계적인 신용평가기관인 미국의 스탠다드 앤드 푸어 Standard and Poors(약칭 S&P)사가 1923년 233개의 기업을 담은 지수로 시작해, 1957년에 현재 알려진 S&P500으로 탄생하였다. **미국에 상장된 기업들의 기업규모, 유동성 등 정량적 평가와 지수위원회의 산업대표성 등을 포함한 정**

성적 평가를 합쳐 기업을 선정하며 유동시가총액 가중방식으로 종목의 비중을 정하기 때문에 전체 시장의 모습을 파악하기에 가장 적합한 지수라고 할 수 있다. 여기서 시가총액 가중방식이란 개별 기업의 시가총액, 규모 비중으로 지수에 편입되는 방식을 말한다. S&P500 지수에 포함된 종목들은 시가총액 기준으로 미국 전체 주식 시장의 83%를 아우르고 있으며, 500종목으로 미국 전체 시장에 투자하는 효과를 누릴 수 있는 상품이라고 할 수 있다.

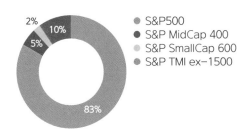

〈미국 전체 주식시장 분류〉

- S&P500
- S&P MidCap 400
- S&P SmallCap 600
- S&P TMI ex-1500

출처: S&P Dow Jones Indices, 미래에셋자산운용, 기준일: 2021.12.31

섹터별 비중을 살펴보면, 시가총액 최상위인 애플과 마이크로소프트 등 주요 빅테크 기업이 포함된 IT가 29.5%로 가장 높고, 다음으로 금융 13.1%, 헬스케어 12.8%, 자동차와 레저용품 등을 포함하는 임의소비재 10.3%, 통신서비스 8.9%, 산업재 8.6%, 필수소비재 6.1% 등으로 구성되어, 전반적으로 IT 비중이 높은 가운데 다양한 산업에 고르게 분산되어 있는 것을 알 수 있다.

섹터	지수가중치
● Information Technology	29.50%
● Financials	13.10%
● Health Care	12.80%
● Consumer Discretionary	10.30%
● Communication Services	8.90%
● Industrials	8.60%
● Consumer Staples	6.10%
● Energy	3.80%
● Real Estate	2.40%
Materials	2.30%
● Utilities	2.20%

※ 인덱스의 각 섹터 비중은 0.1% 단위에서 반올림되어 총합이 100%가 되지 않을 수 있다.
GICS®섹터 분류, 2024.01.31.

S&P500 지수는 미국 주식시장을 대표하는 지수로서 전 세계에 수많은 기관 투자자와 개인 투자자들의 수많은 자금이 S&P500 관련한 상품에 투자되고 있다. 글로벌 ETF 시장만 보더라도 순자산 상위 10개 목록에 1위에서 3위가 모두 S&P500 지수를 추종하는 상품임을 알 수 있다.

S&P500 지수를 산출하는 S&P의 공식 자료에 따르면, ETF뿐 아니라 뮤추얼 펀드 및 연기금 등의 자금 등 전체 투자 시장을 봤을 때 전 세계에 S&P500 지수를 기반으로 한 투자자산 규모는 2023년 말 기준 11.4조달러에 달하는

것으로 파악되고 있다.

〈글로벌 ETF AUM 상위 10개 리스트〉

순위	티커	ETF명	AUM($B)	추종지수
1	SPY US	SPDR sap 500 ETF Trust	371	S&P500
2	IVV US	iShares Core S&P 500 ETF	295	
3	VOO US	Vanguard S&P 500 ETF	265	
4	VOI US	Vanguard Total Stock Market ETF	261	CRSP US Total Market
5	QQQ US	Invesco QQQ Trust Series 1	151	Nasdaq 100
6	1306 JP	NEXT FUNDS TOPIX ETF	110	TOPIX
7	VTV US	Vanguard Value ETF	102	CRSP US Large cap value
8	VEA US	Vanguard FTSE Developed Market	90	FTSE Developed All Cap ex US
9	IEFA US	Shares Core MSCI EAFE ETF	80	MSCI EAFE Investable Market
10	WG US	Vanguard Growth ETF	70	CRSP US Large cap Growth

출처: Bloomberg, 미래에셋자산운용, 기준일: 2022.10.31

그렇다면 왜 전 세계의 수많은 투자자가 S&P500에 이렇게 많은 자금을 투자하고 있는 걸까?

가장 큰 이유는 미국이 자본주의를 대표하는 가장 큰 주식시장이자 오랜

시간 검증된 성과를 보여줬기 때문이다. 1957년 지수 산출 이후 수많은 경제 위기와 경기 침체 등에도 불구하고 S&P500 지수는 미국의 경제와 함께 꾸준히 우상향하는 모습을 나타냈다. 아래 차트에서 보듯이 S&P500 지수는 1987년 블랙먼데이, 2001년 닷컴버블 붕괴, 2008년 글로벌 금융위기, 2020년 코로나 위기까지 수많은 위기에도 불구하고 결국은 시장 하락을 만회하고 세계 다른 시장 대비 높은 회복 탄력성을 보이면서 꾸준히 상승하는 모습을 보여주었다. 한마디로 글로벌 시장에서 꾸준히 우상향하는 장기 투자의 대표 지수라고 할 수 있다.

〈S&P500 지수 폭락 시기〉

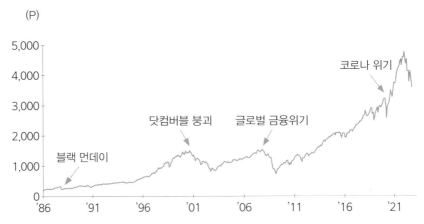

출처: Bloomberg, 미래에셋자산운용, 기간: 1986.01.01~2022.10.31

국내 투자시장에는 한때 선진국 대비 높은 GDP 성장율을 보이는 중국, 브라질, 러시아 등 이머징 국가에 대한 투자가 붐이 일던 시절이 있었다. 하지만 이제 특히 코로나 이후 글로벌 혁신을 주도하는 미국의 빅테크 기업들의 영향력이 커지면서 미국 기업들이 승자독식 현상이 강화되고, 결과적으로 과거 성과에서 볼 수 있듯이 미국 증시의 꾸준한 상승세와 높은 회복탄력성이 오랜 시간 성과로 증명되었다. 결과적으로 이제는 많은 사람들이 꾸준하게 우수한 장기 성과를 보이는 미국 주식 시장을 투자의 중심을 두게 되었으며, 그 투자 트렌드의 중심에 S&P500 투자가 있다고 하겠다.

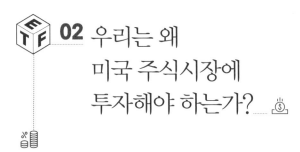

02 우리는 왜 미국 주식시장에 투자해야 하는가?

논의를 더 진행시키기 전에 조금 근본적이고 중요한 질문에 대해서 좀 더 깊게 생각해보고자 한다. S&P500 지수가 워런 버핏도 유언장에 90%나 투자하라고 적어놨고, 전 세계에 이미 엄청난 자금들이 투자하는 미국의 대표지수인 건 알겠는데, 한국에 사는 우리도 미국 주식시장, 특히 S&P500을 투자의 중심에 놓아야 하는 것일까?

어떠한 결정이든 남들이 많이 한다고 해서 무조건 따라해서는 안 되고 본인나름의 생각과 판단으로 결정해야 한다고 생각한다.

따라서 '많은 사람이 이미 투자하고 있고, 추천하기 때문에'가 아닌 근본적인 이유에 대해 내가 생각하는 미국에 투자해야 하는 이유를 차근차근 풀어나가 보려고 하니, 이 책을 읽는 독자 여러분도 이 질문에 스스로 대답을 생각해보았으면 한다.

과연 우리는 왜 미국 주식 시장에 투자해야 하는가? 내가 생각하는 이유는 다음과 같다.

첫째, 미국 주식 시장의 대표성 때문이다. 미국 주식 시장은 2024년 1월 4일 기준으로 전 세계 주식시장의 51%를 차지하고 있다. 미국 주식시장 하나가 전 세계 주식 시장의 절반 이상을 차지하는 것이다. 주식시장의 규모뿐 아니라 GDP 기준으로도 미국은 전 세계의 26%를 차지하고 있어 그야말로 세계 최대의 경제 대국이자 최대 금융 시장이라고 할 수 있다.

미국에 왜 투자해야 하는가를 묻기 앞서서 그 대표성 때문이라도 미국 주식 시장 투자는 필수인 것처럼 느껴진다. 글로벌 주식 시장에 투자한다면 전 세계 주식 시장의 50% 이상을 차지하는 시장을 제외하고 도대체 어디에 투자를 한다는 것인가?

〈미국 시가총액 비중〉　　　　〈미국 GDP 비중〉

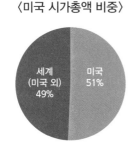
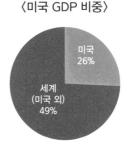

출처: CompaniesMarketCap, 2024.01.04　　　출처: World Bank, 2022.12.31

그뿐만이 아니다. 미국 주식시장은 그 압도적인 규모 외에도 시장의 활력도를 나타내는 거래대금 측면에서도 전 세계 주식시장의 거래대금의 50% 가까이 차지할 만큼 풍부한 유동성을 가진 시장이다. 결론적으로, **미국 주식시장의 압도적인 규모와 유동성을 감안할 때 미국 주식시장을 빼고 주식투자를 논하기는 쉽지 않다**는 것을 알 수 있다.

〈미국 주식시장 거래 규모 및 전 세계 대비 비중 추이〉

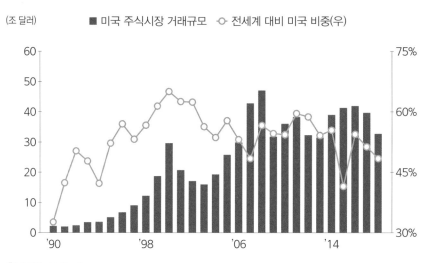

출처: World Bank

둘째, 혁신을 통한 미국 경제의 꾸준한 성장성 때문이다. 미국이 세계 기술의 주권의 중심을 굳건히 지키고 있는 배경에는 끊임없는 혁신의 노력이 존재한다. 미국은 2022년 말 기준 국제 특허권PCT 보유 2위 국가인 동시에 상표 등록 건수로는 세계 1위를 차지하고 있다.

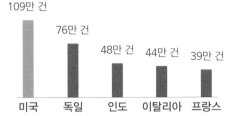

〈국가별 특허권 보유 비중〉

독일 8%
중국 23%
한국 9%
미국 20%
일본 19%

출처: 세계지식재산원기구(WIPO), 2022년 말

〈세계 상표등록 신청 건수 Top 5 국가〉

109만 건 76만 건 48만 건 44만 건 39만 건
미국   독일   인도   이탈리아   프랑스

출처: 세계지식재산원기구(WIPO), 2022년 말

또한 기업이 수익의 일부를 미래의 이익 증대를 실시하는 연구개발 R&D와 설비투자의 경우 미국 기업들이 다른 지역 대비 압도적으로 높은 비중을 보이는 것을 알 수 있다. 이미 수많은 특허와 기술을 가지고 있는 미국이 연구 개발과 설비 투자까지 가장 많이 하고 있으니, 이는 마치 전교 1등인데도 가장 늦게까지 남아서 열심히 공부하는 모범생 같다고 말할 수 있겠다.

〈주요 지역별 매출액 대비 R&D 투자 추이〉

— 미국   — 세계(미국 외)   — 선진국(미국 외)   — 신흥국   — 유럽   — 아시아태평양

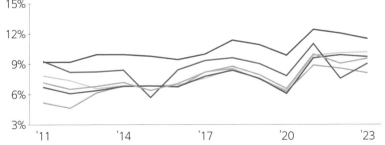

출처: Bloomberg, 2023.11.30

이처럼 끊임없는 혁신 노력의 결과 세계 10대 시가총액 상위 기업 리스트에 미국 기업이 9개나 차지하고 있는 것을 알 수 있다. 이러한 미국 기업들의 지배력은 코로나19 이후 IT, AI 중심으로 더욱 강력해지고 있다.

〈세계 10대 시가총액 상위 기업 리스트〉

1. Apple	6. NVIDIA
2. Microsoft	7. Meta Platforms
3. Saudi Aramco	8. Tesla
4. Alphabet	9. Berkshire Hathaway
5. Amazon	10. Eli Lily

출처: Bloomberg, 2023.11.30

셋째, 주주 친화적이고 위험을 감수하는 건강한 미국의 기업 문화 때문이다. 실리콘밸리로 대표되는 위험을 감수하는 기업 문화와 더불어 주주 친화적인 시장 구조는 미국 주식시장의 최대 강점이다. 특히 미국의 지난 10년 평균 주주환원율은 92%로 글로벌 국가 중 가장 높으며, 미국 기업의 자사주 매입과 배당은 꾸준히 증가하고 있다. 기업의 이익을 오너의 사재처럼 사용하는 일부 국내 기업의 이야기를 우리는 알고 있다. 미국에서는 상상할 수 없는 일이다. 이익이 생길 때마다 꾸준히 자사주를 매입해서 주가를 부양하고 적극적으로 배당을 지급하는 미국의 기업문화가 미국 주가지수의 꾸준한 우상향과 회복탄력성을 만들어 내고 있다. 미국 기업의 지속적인 자사주 매입 소각

정책으로 인해 주주들은 가만히 있어도 나의 지분 가치가 올라가는 효과가 있다. 수익이 늘어나는 회사에 주당 지분 가치가 올라가니 주가가 올라갈 수밖에 없는 구조인 것이다. 또한 미국의 위험을 감수하는 기업 문화도 빼놓을 수 없다. 미국은 여전히 기회의 땅이다. 남아프리카에서 온 평범한 이민자가 회사를 설립해서 전 세계 부자 1위가 될 수 있는 나라는 미국밖에 없을 것이다.

〈국가별 총주주환원율(10년 평균)〉

출처: Factset

〈S&P500 주주환원 및 순이익 추이〉

출처: Factset, 미래에셋자산운용

넷째, 높은 성장성과 낮은 변동성을 지닌 과거 주식시장 성과에 대한 투자자의 오랜 경험과 그에 따른 믿음 때문이다.

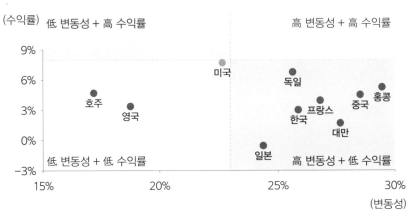

〈주요국 대표 지수, 수익률&변동성(1990년 초~2022년 말)〉

출처: Bloomberg, 2023.11.30

위의 표에서 보듯이 미국 주식시장은 글로벌 대비 높은 성과에 비교적 낮은 변동성을 보여주고 있다. 우리나라 주식시장과 비교해보면 그 차이를 확연하게 느낄 수 있다. 안타깝게도 우리나라 주식시장은 미국에 비해 수익률은 절반에 못 미치면서 변동성은 높은 모습을 보여주고 있다.

결론적으로, S&P500과 코스피를 비교한 차트가 모든 것을 말해주고 있다. 과거 국내 투자자들은 홈 바이어스 현상Home Market Bias(자국 시장을 선호하는 현상)으로 인해서 코스피 개별 주식에 투자하거나 레버리지, 인버스 ETF를 이용해서 박스권 트레이딩을 했지만, 코로나19를 지나면서 그냥 미국 시장에 장기로 묻어두기만 해도 큰 수익을 낼 수 있다는 것을 집단적으로 깨닫게 되면서 미국 주식시장에 대한 투자가 폭발적으로 증가했다.

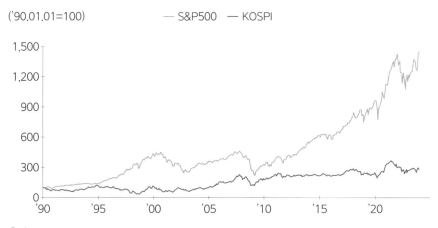

〈미국, 한국 대표 지수 추이〉

('90.01.01=100)   — S&P500 — KOSPI

출처: Bloomberg, 2023.11.30

　　다섯째, 좀 더 근원적인 이유로 미국이라는 땅덩어리가 가진 지리적 이점과 여전히 증가하는 인구와 견조한 인구 구조를 들 수 있다. 모름지기 노후를 위해 장기투자를 하기 위한 국가를 선정할 때의 기준은 안전이 최우선이라고 할 수 있다. 한마디로 아무리 경제가 좋아도 전쟁이 나면 모든 게 소용이 없기 때문이다. 미국의 경우는 군사적으로 세계 최강국이기도 하거니와 아무리 다른 나라가 침략을 하려 해도 머나먼 태평양과 대서양을 두고 대륙과 떨어진 지리적 여건상 전쟁이 나기 어려우며, 설령 누군가가 대륙으로 들어오려 한다고 해도 넓디 넓은 캐나다와 멕시코 땅을 지나가야 하니 전쟁 나기가 좀처럼 쉽지가 않다. 그만큼 안전하다는 것이다. 1, 2차 세계 대전이 발발했던 유럽 국가들이나, 항상 주변국들과 무력 마찰 및 영토 분쟁을 겪고 있는 중국, 러시아 등을 생각해보면 지정학적으로 미국이 얼마나 안전한 국가인지 알 수 있을 것이다.

또한 미국은 천연 자원이 풍부하고 해상 무역에 유리한 미시시피강 등 천혜의 수로를 갖추었으며, 유일한 단점이었던 석유에 대한 의존도도 셰일가스 혁명으로 해소되어 이제 원유 자급자족을 넘어 원유 수출국의 지위를 넘보고 있는 지구상 최고로 지리의 축복을 받은 나라다.

아울러 우리나라 통계청의 장래인구추계에 따르면 앞으로 인구와 노동가능인구가 급감하는 우리나라와 달리, 미국은 앞으로도 생산가능인구가 일정 부분 유지되는 가운데 인구가 계속 증가한다고 한다. 그야말로 투자해야 할 너무 많은 이유를 가진 축복받은 국가라고 할 수 있다.

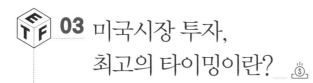

03 미국시장 투자,
최고의 타이밍이란?

지금까지 왜 우리가 미국시장에 투자해야 하는지를 미국 경제와 시장의 특성 그리고 지리적 이점과 인구통계학적인 관점에서 살펴보았다. 전 세계 주식시장에서 미국 시장의 대표성, 미국 경제와 주식시장의 성장성, 미국 기업들의 주주친화적인 기업문화와 오랜 시간 동안 보여준 성과와 투자자들의 믿음, 그리고 전쟁이 좀처럼 발생하기 힘든 지리적 이점과 인구통계학적인 전망 측면에서 미국 시장이 투자에 매력적이라는 점에는 이론의 여지가 없는 것 같다.

그럼에도 불구하고 현재 미국 주식 시장에 투자하기를 주저하는 투자자들의 고민은 비슷할 것 같다.

'지금이 최고점인데 굳이 지금 들어가야 할까?'

투자란 모름지기 Buy Low Sell High, 낮은 가격에 사서 높은 가격에 파는 것인데, 지금은 Buy Record High가 아닌가 하는 것이다. 맞는 말이다.

투자에 타이밍에 있어서 생각해볼 만한 과거 시뮬레이션 자료가 있어서 이 자료를 통해서 지금 미국에 투자해야 하는지 같이 생각해보았으면 한다.

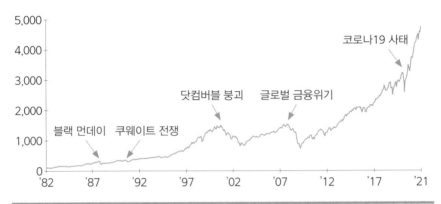

〈미국 주식시장 폭락 시기(1982~2022년)〉

NO.	기간	일수	하락률	이벤트
1	1987.08.25~1987.12.04	101원	33.4%	블랙 먼데이
2	1990.07.16~1990.10.11	87원	19.7%	쿠웨이트 전쟁
3	2000.09.01~2002.10.09	768일	49.0%	닷컴버블 붕괴
4	2007.10.12~2009.03.09	514원	56.5%	글로벌 금융위기
5	2020.02.19~2020.03.23	33일	34.1%	코로나19 사태

※ Personal Finance Club에서 작성한 "How to Perfectly Time the Market"을 인용
출처: Personal Finance Club 미래에셋자산운용

해당 시뮬레이션에서의 투자 기간은 1982년부터 2022년까지로, 그동안 블랙먼데이, 쿠웨이트 전쟁, 닷컴버블 붕괴, 글로벌 금융위기, 코로나19 사태 등

이 있었다.

세 명의 투자자 A, B, C가 각각 전혀 다른 투자 타이밍으로 S&P500에 투자를 했다고 치자. 세 사람 모두 1982년부터 매달 200달러의 투자자금을 운용하며 S&P500에 각기 다른 투자 타이밍에 투자하게 되며, 다만 투자를 하지 않고 대기하는 금액은 연 3%의 은행예금에 예치한다.

A, B, C 세 사람의 투자 타이밍은 다음과 같다.

A	**매번 최고점에서 투자(최악의 타이밍)** A는 매달 200달러를 연이율 3% 은행 계좌에 저축했다. 그 이후 8년간 저축했고 1987년 블랙먼데이 최고점에 그동안 저축한 전액을 투자했다. 시장은 330/0 하락했지만 그녀는 포지션을 계속 보유했고 이후로도 네 번의 폭락장 직전 최고점에서 투자했다.
B	**매번 최저점에서 투자(최고의 타이밍)** B 역시 연이율 3%의 저축 계좌에 돈을 모았다. 그는 다섯 번의 폭락장 동안 전부 최저점에서 그동안 모은 돈을 전액 투자했다. 그 또한 한 번 매수한 이후에는 매도하지 않고 계속 포지션을 보유했다.
C	**매달 기계적으로 적립식 투자** C는 시장을 예측하려 하지 않고 단지 매달 기계적으로 적립식 투자를 했다. 따로 저축을 하지 않고 증권 계좌를 개설한 달부터 매월 200달러씩 꾸준히 매수했다. 매달 자동매수를 설정한 이후엔 계좌를 다시 열어보지 않았다.

결론적으로 A는 매번 S&P 500 최고점에 투자하는 최악의 타이밍의 투자를 했고, B는 매달 200달러를 은행 예금에 차곡차곡 모았다가 그동안 모았던 은행 예금을 매번 기가 막힌 저점에 모두 S&P500에 투자했다. 마지막으로 C는 매달 200달러를 시장 상황에 상관없이 기계적으로 적립식으로 투자했다. 이들의 투자 결과는 어땠을까?

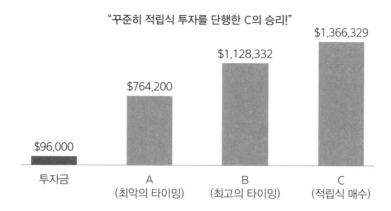

〈40년 후 결과는?〉

"꾸준히 적립식 투자를 단행한 C의 승리!"

투자금	A (최악의 타이밍)	B (최고의 타이밍)	C (적립식 매수)
$96,000	$764,200	$1,128,332	$1,366,329

　직관적으로 생각하면 투자자금을 3%의 안정적인 은행 예금에 넣어두고 따박따박 안정적인 이자를 받다가 최고의 타이밍마다 투자를 한 B가 최고의 실적을 거두었을 것 같지만, 결과는 우리를 놀라게 한다. **시장 상황에 상관없이 기계적으로 투자한 C가 가장 높은 수익을 거둔 것이다.**

　항상 최고의 타이밍에 투자했던 B는 최악의 타이밍에 투자한 A보다는 월등한 투자 수익을 거두었지만, 매번 타이밍을 생각하지 않고 기계적으로 매수한 C가 가장 높은 수익률을 거두었다. 좋은 자산을 꾸준히 오래 모아가는 것이 가장 중요하다는 사실을 보여주는 실제 사례라고 하겠다.

　시장 상황에 상관없이 자주 투자하는 것이 중요하다는 사실 외에 또한 중요한 사실은 **최악의 타이밍에 투자했던 A조차도 800%에 달하는 놀라운 수익률을 거두었다는 사실이다.** 타이밍이 좋지 않더라도 좋은 자산에 오랜 기간 투자하는 그 자체가 가장 중요하다는 사실을 알 수 있는 대목이다.

이 예를 통해서 투자자들이 기억해야 할 내용은 두 가지로 요약할 수 있다.

첫째, 투자에 있어 최고의 타이밍이란 최대한 일찍, 그리고 자주 투자하는 것이라는 점이다.

그리고 둘째, 아무리 나쁜 타이밍이라도 좋은 자산에 투자하는 것이 현금을 들고 있는 것보다 월등하게 높은 수익률을 보여준다는 점이다.

과거의 성과가 앞으로도 똑같이 반복된다는 보장은 없다. 하지만 위 장기투자 사례는 최고점에 있는 미국 시장에 투자를 망설이는 투자자들에게 시사하는 바가 사뭇 크다고 생각한다. 미국 투자에 대한 논리는 이해하지만 최고점인 미국 증시에 언제 들어가야 할지 고민하는 투자자들에게 조금이나마 도움이 되길 바란다.

04 국내 최초이자 최대의 S&P500 ETF, TIGER 미국S&P500 ETF

이제 국내에서 S&P500에 투자할 수 있는 구체적인 수단으로 국내 최초이자 최대 S&P500 추종 ETF인 TIGER 미국S&P500 ETF에 대해서 소개하고자 한다.

TIGER 미국S&P500 ETF는 2020년 8월 7일 국내 최초로 상장되었다. 상품이 상장한 시기는 코로나19로 시장이 극심한 변동성을 보이던 시기로, 투자자들이 시장 급등락에 대비하기 위해 이른바 핫한 초단기 상품, 시장의 일간 변동성이 양의 2배를 추구하는 국내 주식형 레버리지 ETF와 −2배를 따라가는 인버스 레버리지, 일명 곱버스 투자에 집중하던 시기였다. 당시로서는 아무도 미국의 대표지수를 500개 미국 주식을 모두 편입해서 운용하는 TIGER 미국S&P500에 주목하지 않았다. 이미 2010년에 TIGER가 그 당시로서는 정말 파격적으로 나스닥 100종목을 직접 편입하여 운용하는 TIGER 미국나스닥100 ETF를 출시하였지만, 시장의 반응은 거의 없었고 시장이 급등락해서 투자자들이 레버리지와 인버스로 쏠리고 있는 시기에 번거롭게 500개 종목을 모두 편입해서 미국 종목의 기업 이벤트를 일일이 관리하면서 운용해야 하는 펀드를 새로 상장한다는 게 당시 업계 상식에는 벗어나는 일이었다. 그 당시 대부분의 운용사들은 주식을 직접 담는 실물형 대신 운용이 좀 더 간편한 S&P500 지수 선물을 편입해서 운용하는 선물형 S&P500만 운용하고 있었다.

그럼에도 불구하고 우리가 S&P500 ETF를 주식형으로 출시하게 된 것은 앞으로 우리나라 투자자들이 퇴직연금 DC형 계좌를 통해서 ETF를 매매할 날이 곧 오리라고 믿었기 때문이다. 규정상 선물에 투자하는 ETF는 장기투자에서 상품 안정성을 가장 중요하게 고려하는 퇴직연금 계좌에서 투자가불가하고 오직 주식 실물을 직접 담고 있는 ETF만 투자자가 투자할 수 있었기 때문이다. 아무튼 상장 당시 아무도 주목하지 않았던 이 상품의 순자산은 2024년 5월 7일 현재 무려 3조 2천억원으로, 이제 국내 최대의 S&P500현물 ETF가 되었다.

TIGER 미국S&P500의 총보수는 0.07%로 상당히 낮다. 앞서 설명한 세계 최초이자 최대의 ETF인 SPY의 보수인 0.0945%보다 저렴한 수준이다. SPY의 규모가 4,381억 USD 원화로 600조원에 육박하는 것을 감안할 때 불과 3조원이 조금 넘는 TIGER 미국S&P500의 수수료는 거의 헐값에 가깝다고 할 수있겠다. 우리나라 시장은 자산운용사간의 뼈를 깎는 경쟁으로 국내 투자자들은 글로벌 시장 대비 저렴한 보수의 ETF를 국내에서 손쉽게 투자할 수 있다.

아울러 TIGER 미국S&P500 ETF는 미국 달러로 미국 주식을 직접 매수하여 편입해 별도의 환헤지를 하지 않기 때문에 미국 주식에 대한 투자와 미국 달러에 대한 투자 효과를 동시에 누릴 수 있다.

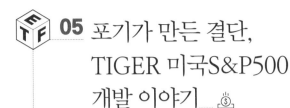

05 포기가 만든 결단, TIGER 미국S&P500 개발 이야기

앞서 설명했듯이 TIGER 미국S&P500은 국내 최초로 S&P500 지수에 실물로 운용되는 ETF로, 말하자면 실제로 미국 주식 500개를 전부 펀드에 담고 있는 첫 상품이다. 이 상품이 상장된 시점은 코로나로 주식시장이 패닉을 보이던 2020년 8월 7일임도 앞서 밝힌 바가 있다.

여기까지 들으면 별다른 느낌이 없겠지만, 나에게는 너무나 큰 의미가 있는 상품이다. 나는 2003년 5월 12일 입사 이후 2019년 10월 말까지 약 17년간 다니던 첫 직장 삼성자산운용에서 이직해서 2019년 11월 첫 영업일에 미래에셋에 둥지를 틀었다. 오랫동안 다니던 정든 회사를 뒤로 하고 큰 결심 끝에 한 이직이었다. 그렇게 다부진 마음을 먹고 이직한 지 불과 2개월 만에 코로나19가 발생했다. 야심차게 무언가를 해보고 싶어도 사람을 만나서 뭔가를 해야 하는데 할 수가 없는 상황. 그리고 시장 변동성이 극도로 커지면서 전 직장인

KODEX의 레버리지, 인버스 상품에 어마어마한 자금이 몰려들었다. 이게 꿈인가, 생시인가. '아니 내가 삼성자산운용에 몸담고 있던 지난 17년 동안 이런 일이 전혀 없다가 갑자기 내가 이직하니까 이런 일이 생기다니 이게 말이 되나.'

처음에는 그 상황을 어떻게 극복해야 할지 잠 못 이루며 고민을 했다. 변동성에 대응하는 상품을 새로 만들어야 하나, TIGER ETF가 가지고 있는 레버리지, 인버스를 어떻게 다시 활성화시킬 방법은 없을까. 그러다가 결국 포기하기에 이르렀다. 코로나 전에 1~2천억 수준이던 KODEX레버리지, 곱버스 거래대금이 조 단위를 찍는 것을 보고는 모든 것을 체념하고 따라가기를 포기했다. 그리고 내가 이직을 해서 '미래에셋에서 무엇을 하려고 했는지' 다시 생각했다. 내가 한두 달 보고 17년 다니던 회사를 그만두고 이직한 것은 아니지 않은가. 지금 당장은 너무 힘들었지만 나는, 그리고 나를 믿고 나를 쳐다보고 있는 우리 팀 타이거(TIGER ETF 운용역들을 부르는 말)를 포함한 우리는 '쫓아가는 걸 포기하고 우리만의 길을 가자'고 생각했다. 그렇게 만든 첫 상품이 퇴직연금 계좌에 투자가능한 최초의 실물형 S&P500 ETF인 TIGER 미국S&P500 ETF였다. 이 ETF를 준비하면서 2020년 4월의 마지막 영업일에 팀 타이거 팀원들에게 이메일을 썼다.

"팀 타이거 여러분, 그동안 우리는 너무나 힘들었습니다. 그리고 시장의 변동성에 매몰되어 우리가 가고자 하는 길을 잠시 잊었습니다. 우리의 길이 아닌 것을 가지고 너무 많이 고민했습니다. 이제 다시 우리만의 길을 갑시다. 언제 올지 모르겠지만 우리는 연금계좌를 통한 ETF 장기투자라는 우리의 길을 갑시다."

정말 시작은 미미했다. 상장 당시에는 아무도 주목하지 않았다. 그리고 4년여가 지난 지금 국내에서 가장 큰 해외주식형 ETF로 성장할 수 있었다.

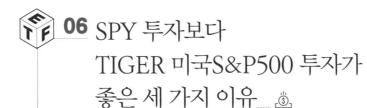

06 SPY 투자보다 TIGER 미국S&P500 투자가 좋은 세 가지 이유

이쯤에서 미국 S&P500 ETF에 투자할 수 있는 두 가지 방법, 한국에 상장된 TIGER 미국S&P500을 사는 경우와 미국에 상장된 SPDR S&P500, SPY를 사는 것을 비교해봤으면 한다. 일단 결론부터 이야기하면 금융소득 종합과세 대상인 고액 자산가가 아니라면 국내에 상장된 TIGER 미국S&P500을 사는 것이 무조건 유리하고, 금융소득 종합과세 대상자라 할지라도 연금계좌를 활용할 경우 미국 직접 투자에서 얻을 수 있는 과세 이연 효과를 얻을 수 있어 효율적이라는 것이다.

자, 그럼 미국에 상장되어 있는 SPY 투자보다 TIGER 미국S&P500 투자가 좋은 이유를 하나하나 살펴보자.

첫 번째 이유는 편리성이다. 일반적인 경우 계좌 하나로 국내 상장 ETF와 해외 상장 ETF를 모두 투자할 수 있으므로 계좌 차원의 유불리는 없지만 해외 상장 ETF를 투자하려면 별도로 환전을 해야 하고 야간에 매매해야 하는 번거로움이 있다. 반면에 한국시장에 상장된 TIGER 미국S&P500 ETF는 한국시장 개장 시간에 언제든지 매매가 가능하므로 편리하다.

두 번째 이유는 저렴한 비용이다. 국내 투자는 우선 환전이 필요 없기 때문에 환전 수수료가 절약되고, 증권사 거래비용까지 낮다. 아울러 국내 자산운용사들의 자기 살을 깎는 치열한 경쟁으로 펀드 보수까지 낮으니 비용 측면에서도 압도적으로 국내 투자가 유리하다고 할 수 있다. 앞서 살펴봤듯이 SPY의 총보수는 0.094%이고 TIGER 미국S&P500의 총보수는 0.07%로 TIGER가 더 저렴하다.

〈국내/역외 상장 ETF 거래 시 발생하는 비용 및 세금 비교(예시)〉

순위	국가		TIGER 미국나스닥100	Invesco QQQ Trust Series 1
거래비용	수수료	온라인	0.01%	0.25%
		오프라인	0.49%	0.50%
	총보수		0.07%	0.20%
세금	배당		15.40%	15.40%
	매매차익		연간 금융소득 2천만원 이하 분리과세, 초과 시 종합과세	매매차익 250만원 비과세, 이후 양도차액에 22% 부과

※ 수수료, 보수, 세제, 세율 등은 향후 변동될 수 있고, 시장 상황 등 조건에 따라 달라질 수 있다.
수수료 기준: 미래에셋증권

마지막으로 SPY 투자보다 TIGER 미국S&P500 투자가 좋은 이유는 **연금 계좌를 통해 절세 혜택을 활용할 수 있다는 점**이다. 해외주식형 ETF의 세제에 대해서 간략히 살펴보면, 기본적으로 일반 계좌에서 매매할 경우 국내 상장된 해외 ETF는 매매차익과 분배금 모두 15.4% 배당소득세가 부과되며 금융소득종합과세 대상에 포함된다. 반면에 해외 상장 ETF는 연 250만원까지 기본공제 혜택에 매매 차익은 22%의 양도소득세가 부과되고 이는 금융소득종합과세 대상에서 제외된다. 단, 해외 상장 ETF의 분배금도 15.4% 배당소득세에 해당된다.

〈계좌/ETF 종류별 발생하는 세금 비교〉

구분	연금계좌 TIGER ETF 투자	일반계좌 TIGER ETF 투자	일반계좌 역외 ETF 투자
기본공제	–	–	연 250만원
매매차익	과세 이연	배당소득세 15.4% (과표기준가격 차이와 실제 매매차익 중 적은 값)	양도소득세 22%
분배금	과세 이연	배당소득세 15.4%	배당소득세 15.4%
연금 수령 시	연금소득세 3.3~5.5%	–	–

※ 세제, 세율 등은 향후 변동될 수 있고, 시장 상황 등 조건에 따라 달라질 수 있다.

하지만, 이러한 세제상의 유불리는 연금 계좌로 오면 완전히 이야기가 달라진다. 퇴직연금 DC계좌와 IRP, 연금저축계좌를 활용하면 매매차익과 분배금에 대해 세금이 모두 이연되고, 연금저축계좌와 IRP는 연말에 연간 납입 금액의 일정 부분에 대해 세액 공제까지 받을 수 있다. 그리고 세금은 나중에 연금으로 수령할 때 3.3~5.5%의 낮은 세율로 과세된다. 연금 계좌에서 투자할 수 있는 ETF는 국내 상장된 ETF로 한정되어 있어서 국내 상장 ETF 투자만이 이러한 혜택을 누릴 수 있다.

〈연금 투자 시 세제 혜택〉

세액공제	• 연금 납입 시 16.5% 세액 공제 혜택(총급여 5,500만원 초과 또는 종합소득금액 4,500만원 초과 시 13.5%)
과세이연	• 매매 차익에 대해 세금을 부과하지 않고 연금 수령 시 부과 • 매매 수익으로 재투자 가능하기에 복리 효과 발생
저율과세	• 연금으로 수령 시 낮은 세율 적용(3.3~5.5%) • 55~69세 5.5% / 70~79세 4.4% / 80세 이상 3.3%

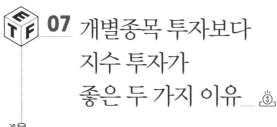

07 개별종목 투자보다
지수 투자가
좋은 두 가지 이유

앞서 S&P500 ETF에 투자하는 두 가지 방법, 즉 국내 상장 ETF와 미국 상장 ETF에 투자하는 방법을 비교해봤다. 하지만 더 근본적으로 미국 시장에 투자하는 방법에는 S&P500과 같은 시장 지수 ETF에 투자하는 방법 외에도 개별 종목을 직접 매수하는 방법도 있다. 이왕이면 앞으로 오를 종목만 딱 집어서 고르는 개별 종목 투자를 하면 더 높은 수익률을 거둘 수 있을 텐데, 왜 투자의 귀재인 워런 버핏조차도 특정 종목이 아닌 S&P500 지수에 투자하라고 유언장에 적어놨을까? 이제 개별 종목 및 액티브 펀드 투자보다 지수 투자가 좋은 이유에 대해서 알아보자.

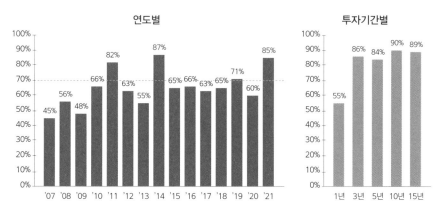

〈S&P500 대비 수익률이 낮은 미국 대형주 펀드 비율〉

출처: S&P Dow Jones Indices, 미래에셋자산운용, 기준일: 2022.06.30

첫 번째 대답은 이 그래프에서 알 수 있을 것 같다. **바로 적극적으로 종목을 골라서 투자하는 액티브 운용이 확률적으로 S&P500 수익률을 이기는 것이 쉽지 않다는 것이다.** 그래프는 2007년 이후 미국 주식에 액티브하게 투자하는 액티브 뮤추얼 펀드 중 연도별로 S&P500 지수 대비 낮은 성과를 나타낸 비율을 나타낸다. 보는 것처럼 평균적으로 70% 가량의 액티브 펀드가 S&P500 대비 열위한 성과를 거두는 것을 알 수 있다. 소위 주식 투자 전문가들로 구성된 자산운용사에서 운용하는 펀드도 이러한데 투자에 관한 정보도 시간도 부족한 개인투자자의 경우에는 굳이 말하지 않아도 개별 종목 투자로 S&P500 지수를 이기는 것이 얼마나 힘든지 알 수 있을 것이다.

또한 액티브 운용이 S&P500 지수를 이길 가능성은 투자 기간이 길어지면 길어질수록 현저히 낮아진다. 투자기간이 10년 이상 되었을 때 액티브 펀드

10개 중 9개는 S&P500 지수 대비 낮은 성과를 거둔 것으로 나타났다. 성과 측면에서 보았을 때 S&P500 지수 투자가 합리적인 이유다.

두 번째 개별 주식 투자 대비 ETF 투자가 좋은 이유는 지수에서 정기적으로 시행되는 '리밸런싱의 마법' 때문이다. 앞서 이야기한 것처럼 S&P500 지수는 1923년 스탠다드 앤드 푸어스사가 발표한 233개의 기업을 담은 지수로 시작해 1957년 현재 알려진 S&P500 지수로 탄생했는데, 정기적인 지수 리밸런싱이라는 절차를 통해 현재 시장을 가장 잘 대표하는 지수로 계속 변화해온 것이다. S&P500 지수의 경우 시가총액, 거래량 등 정량적인 요소에 대한 평가 외에 지수위원회의 정성적 평가를 통해 500개 기업을 선정하고, 전문가들의 월간 모니터링을 지수에 반영하여 현재 시장을 가장 잘 표현할 수 있는 지수로 계속 재탄생하는 구조를 갖는다. 실제로 2007년 이후 기업의 규모라고 할 수 있는 시가총액 측면에서도 시장이 성장하면서 지수에 편입될 수 있는 최소 시가총액 요건도 꾸준히 상향되었으며, 지수 내의 업종 비중도 시장의 변화에 맞춰 변화해 왔다. 섹터 측면에서 보았을 때 30년 전과 비교하면 IT와 헬스케어 업종의 비중이 늘어난 것을 알 수 있듯이, 지수는 리밸런싱이란 프로세스를 통해서 시장 상황에 맞춰 끊임없이 변화하게 된다.

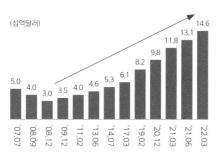

〈S&P500 최소 시가총액 적격조건 변화〉

출처: S&P Dow Jones Indices, 미래에셋자산운용

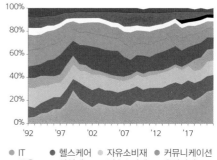

〈S&P500 섹터 비중 변화〉

출처: Seeking Alpha, 미래에셋자산운용

결국 ETF를 투자하면 이러한 정기적인 지수 리밸런싱 절차를 통해 혁신을 통해서 성장하는 회사는 지수에 편입되고 혁신을 잃어버린 기업은 자연스럽게 지수에서 빠지게 되어 투자자가 굳이 해당 기업을 일일이 분석하고 신경 쓰지 않아도 알아서 시장의 상황에 맞는 기업에 분산해서 투자할 수가 있게 되는 것이다.

정리하면, 개별 종목 투자보다 ETF를 통한 지수 투자가 좋은 이유는 **첫째로 장기 성과 측면에서의 우수성과 합리성, 둘째로 정기적인 리밸런싱을 통한 시장 변화의 반영**이라고 할 수 있겠다.

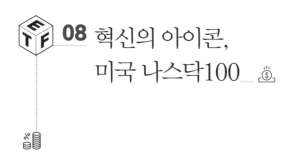

08 혁신의 아이콘,
미국 나스닥100

이제 S&P500 이야기는 마무리하고 S&P500만큼이나, 아니 사실은 국내 투자자들에게는 S&P500보다 더 많은 사랑을 받는 '혁신의 아이콘' 미국 나스닥100에 대해서 알아보도록 하자.

나스닥100 지수는 **나스닥에 상장된 '비금융업체' 중 가장 규모가 큰 100개의 우량기업을 모아 만든 지수**로서 나스닥 증권거래소가 1985년 1월 31일 산출을 시작하였다. 세계 기술 주권의 중심인 미국에서도 최고의 혁신 기업으로 구성된 지수로 그야말로 명실공히 '혁신의 아이콘'이라 할 수 있다. 나스닥100 지수는 IT, 소프트웨어, 통신, 헬스케어, 생명공학 등 혁신 분야의 기업들로 구성되며 애플, 마이크로소프트, 아마존, 엔비디아, 구글, 테슬라, 메타 등 이른바 '위대한 7Magnificent 7' 종목이 상위 종목에 포진되어 있다.

〈나스닥100 지수 상위 10종목〉

순위	기업명	소속 업종	비중(%)
1	Apple	IT	11.77
2	Microsoft	IT	11.59
3	Amazon.com	자유소비재	6.6
4	NVIDIA	IT	3.93
5	Alphabet(Class C)	커뮤니케이션	3.84
6	Alphabet(Class A)	커뮤니케이션	3.8
7	Tesla	자유소비재	3.38
8	Meta Platforms	커뮤니케이션	2.76
9	Broadcom	IT	1.96
10	PepsiCo	필수소비재	1.95

출처: Nasdaq, 기준일: 2023.01.31

〈나스닥100 지수 성장 연혁〉

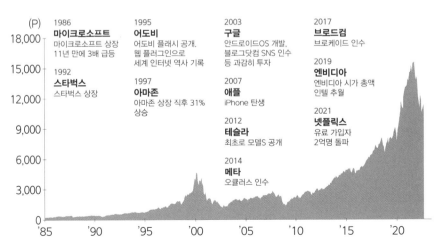

출처: 각 기업, Bloomberg, 미래에셋자산운용, 기준일: 1985.02.01~2022.10.31

1986년 마이크로소프트 나스닥 상장, 1997년 아마존 나스닥 상장, 2007년 애플의 아이폰 출시, 2012년 테슬라의 모델S 최초 공개, 2019년 엔비디아의 시가총액 인텔 추월 등 그야말로 나스닥의 역사는 글로벌 혁신의 역사라고 할 수 있다.

비록 2000년 닷컴버블, 2008년 글로벌 금융 위기, 2020년 코로나19, 2022년 기준금리 인상 등의 시기에는 경기에 민감한 성장주의 특성상 높은 변동성을 보이며 한때 투자자들에게 큰 손실을 안겨주기도 했지만, 지수에 높은 비중으로 편입되어 있는 미국 빅테크주들의 꾸준한 혁신을 통한 성장으로 하락분을 만회하여 결국 전고점을 돌파하며 꾸준히 우상향하는 모습을 보여주었다.

〈나스닥100 지수와 코스피, 코스닥 지수 추이〉

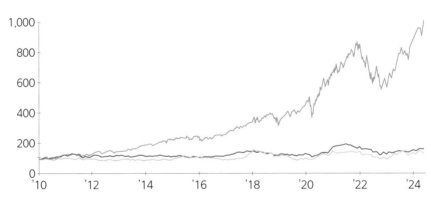

출처: Bloomberg, 2010.01.04~2024.05.31

동일한 기준으로 2010년 이후 우리나라 대표 주가 지수인 코스피200과 나스닥처럼 성장주로 주로 구성된 코스닥150 지수의 수익률을 그려봤을 때 나스닥100이 누적으로 압도적인 수익률을 나타냈다. 코스피200과 코스닥150 지수는 2010년 이후 아무런 변화가 없던 것처럼 보이는 지경이다.

나스닥 지수는 2000년 IT 버블 이후 꾸준하게 우상향하는 모습을 보여주고 있었으나 우리나라 투자자들에게는 코로나19를 거치면서 나스닥100 지수의 성과에 대한 이야기가 뒤늦게 확산되었다. 투자자들 사이에서 박스권에 갇힌 국내 주식시장에 골치 아프게 투자하느니 타이밍 생각하지 말고 나스닥100만 사 모으면 된다는, 이른바 '나스닥100 무지성매수'가 퍼지면서 그야말로 급격하게 투자자들의 관심을 받기 시작한 것이다.

또한 이런 혁신 기업들의 약 86%가 최신 혁신 기술을 실제로 보유하고 있으며, 이러한 혁신 기술이 장기적인 지수의 성장성을 기대하게 만드는 요소라고 할 수 있겠다.

그러면 미국 시장 전체를 대표하는 S&P500 지수와 나스닥100 지수의 차이점은 무엇일까? 먼저 나스닥100 지수는 금융 및 리츠 등이 제외된 AI(인공지능), 빅데이터, 로보틱스, 클라우드, 반도체, 사이버 보안 등 혁신 기술 기업들로 구성된 지수라는 점이다.

〈지수 구성종목 1년 평균 R&D 투자규모〉　　〈지수 내 혁신 기술 보유기업 비율〉

$13.1B
나스닥100

$7.7B
S&P500

● 혁신 기술
● 혁신기술 미보유
● 기타 테마

8%　5%

86%

출처: Nasdaq, Factset, 2021년 말 기준, 가중평균치　　출처: Nasdaq, Bloomberg, Factset, 2021년 말 기준

아울러 나스닥의 혁신 기업들은 S&P500 편입 기업들 대비 훨씬 높은 R&D 투자를 하는 특징을 나타낸다. 그림에서 보는 것처럼 2021년 기준 나스닥100 지수에 포함된 기업들의 1년 평균 R&D 투자규모는 131억달러로 S&P500 지수 내 기업들의 평균 R&D 투자규모인 77억달러 대비 2배에 가까운 것을 알 수 있다.

이러한 막대한 R&D 투자를 바탕으로 나스닥100 지수 편입 기업들은 AI, 블록체인, 빅데이터, 딥러닝 등의 분야에서 수많은 특허를 출원하고 있는데, 3D 그래픽, 자연어 처리 기술, 웨어러블 기기, 클라우드, 딥러닝, 빅데이터 등 다양한 분야에서 특허를 발행하고 있다.

글로벌 혁신을 주도하는 기업들이 모여 엄청난 R&D를 통해 글로벌 성장을 주도하는 나스닥100 지수는 글로벌 혁신 성장에 주목하고 싶은 투자자라면 반드시 주목해야 하는 지수라고 할 수 있겠다.

09 우량주 장기투자의
살아있는 성공 신화,
TIGER 미국나스닥100 ETF

미국 나스닥100에 투자하는 대표적인 상품으로 국내 최초이자 국내 해외
주식형 최대 규모를 다투는 TIGER 미국나스닥100 ETF가 있다. 최초 상장일

이 무려 2010년 10월 18일로 아직 우리나라에 해외주식 투자가 생소하고 운용업계조차도 관련 인프라가 충분하지 않은 시기였다. 그러한 시기에 비교적 운용의 난이도가 낮은 선물이나 합성으로 운용되는 방식이 아닌 나스닥 100 지수에 포함된 개별 종목 100개를 직접 담아서 운용하는 ETF를 만들었다는 것 자체가 커다란 혁신이라고 할 수 있다. 지금은 운용 인프라가 개선되어 전 세계 여러 나라의 주식을 담아서 운용하는 것이 일반적이지만 2010년 당시로 서는 미국 주식 100개를 직접 담고 해당 주식의 기업 이벤트를 손으로 하나씩 체크해서 관리한다는 것 자체가 엄청나게 번거롭고 어려운 일이었다. 유동성 공급자 입장에서 보았을 때도 24시간 거래 가능한 나스닥100 선물이 있기는 하지만, 환까지 감안해서 미국 장이 마감한 시간에 실시간 호가를 제공한다는 것 자체가 대단한 도전이었을 것이다.

〈TIGER 미국나스닥100 상장 이수 순자산총액 추이〉

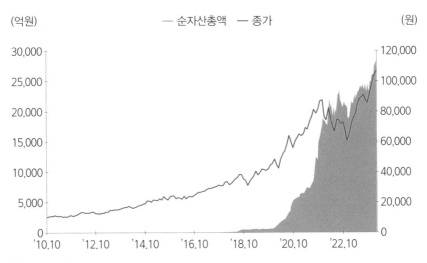

출처: Dataguide

기준일	AUM(억원)	종가(원)
2010.10.18	113	10,220
2010.12.31	78	11,055
2011.12.31	69	11,540
2012.12.31	75	12,545
2013.12.31	67	16,765
2014.12.31	63	21,190
2015.12.31	74	24,695
2016.12.31	134	26,790
2017.12.31	156	31,325
2018.12.31	566	31,380
2019.12.31	773	45,630
2020.12.31	5,815	60,815
2021.12.31	18,837	87,800
2022.12.31	18,407	60,800
2023.12.31	26,100	97,620
2024.2.26	28,799	106,300

← 소규모 펀드

↓ 폭발적 성장

하지만 이렇게 과감하고 혁신적인 도전이었음에도 불구하고 상장 이후 초기에는 오랜 기간 투자자들의 별다른 관심을 받지는 못했다. 오히려 2010년 10월 18일 순자산 113억으로 시작했지만 초기 5년간은 초기 상장 금액조차 유지하지 못하고 100억원 미만의 소규모 펀드로 운용되었다. 2016년이 되어

서야 조금씩 일부 선도적인 투자자들의 참여로 조금씩 순자산을 늘려 나갈 수 있었지만 너무나 미미한 수준이었다.

2018년 미·중 무역분쟁 본격화로 전 세계 주식시장이 큰 폭의 조정을 받자 나스닥의 장기 성장성에 일찍 눈을 뜬 일부 발빠른 투자자들이 나스닥에 관심을 보이기 시작했고, 필자가 미래에셋에 갓 합류한 시점인 2019년 말에는 순자산 773억원을 기록할 수 있었다.

그리고 2020년 코로나19가 발생하고 모든 것이 달라졌다.

사실 상장 이후 TIGER 미국나스닥100 ETF가 투자자의 큰 관심을 받지는 못했다고는 하지만, 그럼에도 불구하고 성과 측면에서는 상장 이후 꾸준히 놀라운 성과를 보여주고 있었다. 2010년 이후 꾸준하게 상승하는 나스닥 지수를 2020년 국내 투자자들이 집단 최면에서 벗어난 듯 갑자기 동시다발적으로 인지하게 된 것이다.

코로나19 사태는 '벼락거지'라는 신조어가 나올 정도로 자산가격이 폭증하면서 개인 투자자들 사이에 투자에 대한 관심을 불러일으켜 금융에 있어서도 혁명적인 사건이었다. 이 시기 국내에서도 수많은 인플루언서들이 나타나 유튜브나 블로그를 통해 미국 나스닥 투자를 전파하고 나스닥100 지수에 눈을 돌린 투자자들이 정말 폭발적인 추세로 TIGER 미국나스닥100 투자를 이어 나갔다.

그 결과 2019년 773억원이었던 펀드 순자산은 2020년 말에는 5,815억으로 1년 만에 8배 가량 늘어나더니, 2021년 1조원을 돌파한 이래 폭발적인 증가세를 이어나가 2024년 5월 7일 현재 무려 순자산 3조 1,376억원으로 3조원을 돌파했다. 10년을 기다린 끝에 엄청난 결실을 거둔 것이다.

나스닥100 지수의 성장성을 믿고 TIGER 미국나스닥100 ETF에 투자한 투자자들도 상장일 대비 무려 10배가 넘는 수익을 거두었다. 1만원으로 상장한 TIGER 미국나스닥100 ETF가 2024년 1월 10만원을 돌파한 것이다.

나스닥의 성장 신화는 아직도 현재 진행형이다. **혁신적인 상품개발과 운용역들의 오랜 시간 뚝심 있는 인고의 노력으로 TIGER 미국나스닥100 ETF는 국내 시장에 전설적인 'ETF를 통한 우량주 장기투자의 성공사례'로 남게 되었다.**

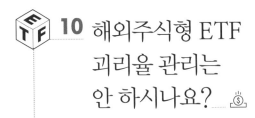

10 해외주식형 ETF
괴리율 관리는
안 하시나요?

앞서 ETF 심화학습편에서 ETF 투자자가 반드시 알아야 할 세 가지 숫자인 지수값, 펀드 순자산가치, 시장가격을 이야기하고 지수와 펀드 순자산 가치의 차이를 추적오차, 펀드의 순자산가치와 시장 가격의 차이를 괴리율이라고 설명했다. 괴리율이란 시장에서 매매되는 ETF만이 가지는 개념으로 매매 시 반드시 확인해야 할 숫자다. 그리고 그만큼 투자자들의 문의와 불만이 가장 많이 발생하는 부분이기도 하다. 많은 투자자가 해외주식형 ETF 괴리율 관리에 대해서 이야기하는데, 이번에는 말도 많고 탈도 많은 해외주식형 ETF의 괴리율에 대해서 알아보도록 하겠다.

결론적으로 이야기하면 해외주식형 ETF의 괴리율은 불가피하다. 왜냐하면 실시간으로 공시되는 iNAVIndicative NAV가 전일 시장 종가를 반영한 펀드 순자산가치에 장중 환율 변동만을 반영하기 때문이다. 반면에 ETF의 유동성공급자들은 한국 거래시간에 거래되는 S&P500 및 나스닥100 선물, 그리고 아시아 개별 종목 등의 움직임을 보면서 호가를 제출한다. 따라서 투자자들이 보는 괴리율이 관리가 안 되는 것처럼 보이는 일이 자주 발생하는 것이다. 예를 들면 이런 식이다.

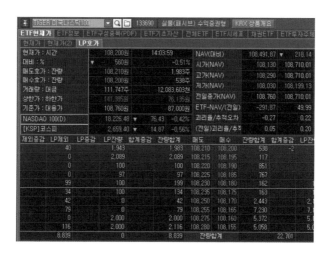

위 매매 현황은 TIGER 미국나스닥100 ETF의 2024년 3월 5일 장중 거래 현황이다. 보는 것처럼 괴리율이 −0.27%로 시장가격이 iNAV 대비 낮게 거래되고 있다. 펀드 실시간 기준가에 맞춰 ETF 매도하고 싶은 투자자들이 불만을 가질 수 있는 상황이다. 순자산가치보다 시장 가격이 낮은 가격에 거래되고 있기 때문이다. 하지만 실제 상황은 어떤 것일까?

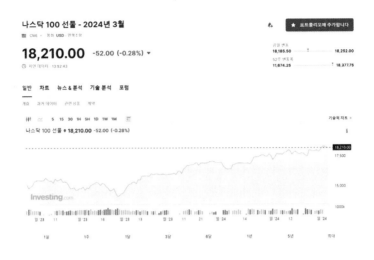

　같은 시간 CME에 상장된 나스닥100 선물의 거래 현황을 살펴보자. 아시아 시장의 전반적인 하락세에 맞춰 나스닥선물도 0.28% 하락한 것을 알 수 있다. **이처럼 해외물의 경우 한국 시간에 거래되는 선물의 상황과 아시아 시장의 거래 현황을 반영하여 유동성공급자가 호가를 제출하고, 반면에 실시간 기준가는 전일 종가에서 환율만 반영하기에 항상 괴리율이 발생하는 것처럼 보인다.**

　물론, 실제로 유동성공급자가 호가 제출을 제대로 하지 못해 괴리율이 발생하는 경우도 종종 있다. 따라서 해외주식형 ETF의 괴리율이 정상적인지 확인하고 싶다면 한국 시간에 거래되는 해외 선물 거래 등의 동향을 확인해야 한다. 하지만 일반 투자자 입장에서 이런 것까지 확인하는 것은 여간 어려운 일이 아니다. 그렇기 때문에 이미 오랜 시간 많은 투자자들로부터 검증을 받은 순자산이 크고 거래량이 활발한 ETF 위주로 거래하기를 권한다. 믿을 수 있는 ETF를 거래해야 하는 또 다른 이유이다.

11 국내 ETF 시장의 성장 엔진, 연금 계좌

지금까지 살펴본 미국 S&P500과 나스닥100 지수를 추종하는 ETF에 투자하는 가장 좋은 방법은 바로 연금 계좌를 활용하는 것이다. 금융감독원 자료에 따르면 2022년 말 개인연금과 퇴직연금 내 적립금 규모가 721조원에 이르는 것으로 나타났다. 과거 대부분의 연금 자산은 퇴직연금의 경우 확정급여형(DB^Defined Benefit)의 형태이거나 예금, 적금 등의 안전자산에 주로 투자되었지만 코로나19 이후 연금 투자에 대한 투자자의 인식이 바뀌면서 이제 투자하는 연금의 시대가 열리고 있다.

과거 코로나19 이후 자산가격 폭등으로 인한 상대적 박탈감, 이른바 '벼락거지' 신드롬으로 괴롭지만 투자 자금이 부족해 고민하는 투자자들에게 필자는 기회가 있을 때마다 언론을 통해 홍보했다.

"여러분들에게는 ETF에 투자할 수 있는 퇴직연금 자산이 있습니다. 퇴직연금을 확정급여형에서 확정기여형DC, Defined Contribution으로 바꾸시고 퇴직연금으로 ETF를 사세요. 영끌(영혼까지 끌어모아 빚내서 투자하기)하지 마시고 **연끌**(연금 끌어다 투자하기)하세요."

2020년 이후 연금 자산을 활용해 미국 우량주 대표지수에 장기 적립식 투자한 투자자들은 아마도 지금쯤 아주 훌륭한 투자 수익을 거두고 있으리라 생각된다.

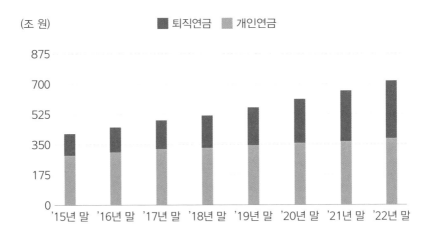

(조 원) ■ 퇴직연금 ■ 개인연금

코로나19 이후 투자 문화의 변화로 개인연금, 퇴직연금 계좌에서 보유한 ETF 잔고도 폭발적으로 증가하고 있는데 실제로 2019년 말 기준 주요 상위 5개 증권사의 개인연금, 퇴직연금 내 ETF 잔고는 5,000억원에 채 미치지 못했지만 2020년 말에 2조 1,000억원 수준으로 급증한 이후 2021년 말에는 7조 4,000억으로 성장하였다. 2023년 말 기준으로 최근에 취합한 자료에 따르면 개인연금과 퇴직연금에서 보유한 ETF 잔고는 16조원에 육박하는 것으로 나타났다. 2019년 말 대비 30배 이상 증가한 수치다.

과거 우리나라 ETF 시장이 국내 대표 주가지수인 코스피200과 코스닥150을 기반으로 한 레버리지, 인버스 ETF가 주를 이루는 단기 매매 시장이었다면, 코로나19 이후 투자자들의 인식 변화로 연금 계좌를 통한 ETF 장기 매매가 국내 ETF 시장의 대세로 자리 잡고 있는 것이다.

개인연금과 퇴직연금의 특성상 투자자들은 장기적인 관점에서 투자 의사결정을 하게 되고 더 이상 단기 매매용인 레버리지, 인버스가 아닌 장기로 우상향하는 모습을 보여주었던 글로벌 우량주와 글로벌 메가 트렌드 상품에 자연스럽게 집중하게 되는 효과가 있다.

특히 해외 직접 투자 대비 연금 계좌를 통해 국내 상장된 해외주식형 ETF에 투자할 경우 수익에 대한 과세가 이연되는 효과가 있기에 글로벌 우량주 투자와 연금 계좌는 그야말로 찰떡 궁합이라고 할 수 있겠다.

노후 준비에
적합한 ETF
알아보기 2

     S&P500과 나스닥100 투자만 제대로 이해한다면 미국 주식시장 투자
하는 데 있어 아무런 문제가 없다고 생각하지만, S&P500과 나스닥100에 추가해서
더 높은 수익률을 얻기 위해 투자자가 고려해볼 만한 상품들에 대해서도 추가로 이야
기하고자 한다. 먼저, 글로벌 혁신을 주도하는 미국 빅테크주 10종목에 집중 투자하는
'TIGER 미국테크TOP10 INDXX ETF'다.

01 글로벌 혁신을 주도하는 미국 빅테크에 집중투자, TIGER 미국테크TOP10 ETF

앞서 미국 주식시장을 대표하는 두 지수 S&P500과 나스닥100 지수와 대표적인 상품인 TIGER 미국 S&P500, TIGER 미국나스닥100 상품에 대해서 알아보았다. S&P500과 나스닥100 투자만 제대로 이해한다면 미국 주식시장 투자하는 데 있어 아무런 문제가 없다고 생각하지만, S&P500과 나스닥100에 추가해서 더 높은 수익률을 얻기 위해 투자자가 고려해볼 만한 상품들에 대해서도 이야기해 보고자 한다. 먼저, 글로벌 혁신을 주도하는 미국 빅테크주 10종목에 집중 투자하는 'TIGER 미국테크TOP10 INDXX ETF'다.

〈주요 빅테크 기업〉

TIGER 미국테크TOP10 INDXX ETF는 **미국 나스닥 상장 주식 중 미국의 금융데이터 기업인 FactSet Industry 기준 'Tech-Oriented'로 구분되는 업종에 속하는 기업 중 시가총액이 가장 큰 10개 종목에 집중 투자하는 ETF**다. 지수를 구성할 때 특정 종목의 비중이 과도하게 커지는 것을 조절하기 위해 종목별 상한선Cap을 정해놓는 경우가 있는데 이 상품의 경우는 종목당 비중 상한선이 20%다. 참고로 우리나라는 자본시장법 규정상 ETF에서 한 종목에 최대로 투자할 수 있는 비중을 30%로 제한하고 있다. 상품명 맨 뒤에 있는 INDXX는 미국테크TOP10 지수를 산출하는 지수 산출자명이다.

2024년 5월 7일 현재 구성종목을 살펴보면 시가총액 순서대로 애플, 마이크로소프트, 알파벳(구글), 아마존, 엔비디아, 메타(구 페이스북), 테슬라, 이른바 Magnificent 7 종목과 ABCAdobe, Broadcom, Cisco System으로 구성되어 있다. 굳이 편입 종목에 대해서 일일이 설명하지 않아도 투자자라면 누구나 알고 있을 만한 빅테크 기업들로 구성된 혁신 성장 기업들의 집합체라고 할 수 있다.

〈TIGER 미국테크TOP10 구성종목〉

순위	종목명	비중(%)
1	Apple Inc.	19.27
2	Microsoft Corp	19.27
3	NVIDIA Corp.	15.39
4	Alphabet Inc.	14.49
5	Amazon.com Inc.	12.08
6	Meta Platforms Inc.	8.18
7	Broadcom Inc.	4.10
8	Tesla Inc.	3.49
9	Adobe Inc.	1.54
10	Cisco Systems Inc.	1.31

출처: 미래에셋자산운용, 기준일: 2024.05.07

혁신 성장 테마	비즈니스 내용	대표 기업
콘텐츠	검색, SNS, 영상 및 음악 스트리밍, 앱스토어 등 다양한 콘텐츠를 망라하는 멀티 플랫폼	애플, 구글
클라우드	AI/ 머신러닝 기술 결합을 통한 새롭고 다양한 서비스 확보	애플, 아마존, 마이크로소프트
전자상거래	콘텐츠 + SNS + 유통/판매 + 디지털 결제 시스템이 결합한 토털 커머스 플랫폼	아마존, 메타
자율주행	자율주행 시스템 & OS 시스템을 갖춘 차세대 모빌리티 플랫폼	구글, 테슬라, 애플, 아마존
AI/반도체	4차산업혁명 관련 시스템 반도체 시장 확대 및 데이터센터 생태계 구성	엔비디아, 애플, 마이크로소프트
XR(VR/AR)	웨어러블 기기를 포함한 다양한 IT 기기와 콘텐츠의 결합으로 구현되는 가상현실	애플, 구글

〈연도별 수익률〉

	2018년	2019년	2020년	2021년	2022년	2023년
미국테크TOP10	1.4%	44.4%	51.0%	34.9%	−41.3%	79.3%
S&P500	−6.2%	28.9%	16.3%	26.9%	−19.4%	24.2%
나스닥100	−1.0%	38.0%	47.6%	26.6%	−33.0%	53.8%

〈누적 수익률(2018년~)〉

	2018년	2019년	2020년	2021년	2022년	2023년
미국테크TOP10	1.4%	46.4%	121.1%	198.3%	75.1%	213.9%
S&P500	−6.2%	20.8%	40.5%	78.3%	43.6%	78.4%
나스닥100	−1.0%	36.5%	101.5%	155.1%	71.0%	163.1%

그림에서 보듯이 TIGER 미국테크TOP10의 수익률은 미국 시장 전체에 투자하는 S&P500과 나스닥에 상장된 대표적인 성장주 100종목에 투자하는 나스닥100 대비 탁월한 성과를 보여주고 있다. 반면에 10개 종목에 투자하다 보니 변동성은 S&P500과 나스닥100 대비 큰 편인 것을 알 수 있다. 코로나19 이후 미국의 주요 빅테크 기업들은 압도적인 자금력으로 M&A와 R&D를 통해 승자독식의 구도를 점차 강화해 나가고 있고, 그 결과가 지속적인 주가 상승으로 이어지고 있다. 그럼에도 불구하고 10종목에 집중 투자한다는 것은 분산투자라는 차원에서 볼 때 500종목 혹은 100종목에 투자하는 상품 대비 변동성이 높을 수 있다는 점을 염두해야 한다.

앞으로 글로벌 혁신을 이끄는 테크 TOP10 종목은 누가 될 것인가? 만일 투자자가 TIGER 미국테크TOP10 INDXX ETF에 투자하고 있다면, 그런 고민을 할 필요가 없다. 앞서 설명한 것처럼 TIGER 미국테크TOP10 INDXX ETF가 추적하는 미국테크TOP10 지수가 **정기 리밸런싱을 통해 앞으로 혁신을 잃어버린 종목은 편출하고, 새롭게 혁신을 이끌어 성장하는 기업을 편입할 것이기 때문**이다.

02 미국 빅테크주의 성장은 계속될 것인가?

2023년 S&P500과 나스닥100, 미국테크TOP10 지수의 수익률을 각각 24.2%, 53.8%, 79.3%로 2023년에도 미국 빅테크가 미국 시장이 상승을 주도했음을 알 수 있다. 그러면 앞으로도 시총 상위를 차지하는 미국 빅테크주들의 상승은 지속될 것인가? 물론 그 누구도 미래를 장담할 수는 없다. 하지만 왜 최근 들어 더욱 빅테크들의 주도 현상이 심해지고 있는지 살펴보면서 앞으로도 이 현상이 지속될 수 있을지 생각해보는 것이 도움이 될 것 같다.

80대 20의 법칙, 일명 파레토 법칙을 들어본 사람이 많을 것이다. 100여 년 전 빌프레도 파레토Vilfredo Pareto라는 경제학자가 발견한 것으로, 기본적으로 이탈리아 인구의 20%가 전체 토지의 80%를 소유하고 있다는 것이다. 파레토 법칙을 한 단계 더 적용하면 그 20% 중의 20%인 4%가 80%의 80%인 64%를 소유하게 되고. 결국 전체 인구의 1%가 안 되는 사람이 전체 토지의

50%를 소유하게 된다는 결론에 이른다. 승자 독식 현상의 가장 전통적인 사례라고 할 수 있다. 100년 전에 80 대 20이었던 승자독식 현상은 교통의 발달로 이동이 용이해지고 정보에 대한 접근이 확대되면서 심화되어 왔고, 인터넷이 도입된 이른바 디지털 혁명 이후 더욱 가속화되다가, 코로나19로 언택트 사회로 전 세계가 실시간으로 하나로 묶이면서 그 정점을 이루게 되었다. 빅테크 기업의 승자독식 현상이 심화되고 있는 이유다.

〈매칼프의 네트워킹 법칙〉

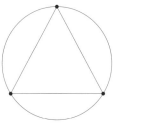 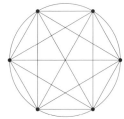

3명의 멤버 → 3개 연결　　6명의 멤버 → 15개 연결

네트워크 사용자가 늘어날수록
네트워크의 가치는 네트워크 사용자의 제곱에 비례
→ 빠른 규모의 경제 달성 가능

미국 빅테크 기업들의 글로벌 지배력 강화 현상은 다음과 같이 설명할 수도 있다. 매칼프의 네트워킹 법칙이란 것이 있다. 네트워크 사용자가 늘어날수록 네트워크의 가치는 네트워크 사용자의 제곱에 비례하여 증가하고 그에 따라 빠른 규모의 경제를 달성할 수 있다는 것이다. 실제로 3명의 멤버만 있을 경우

에는 3개의 네트워크 연결점만 존재하지만, 6명으로 멤버가 2배 늘어날 경우 연결점은 2배가 아니라 5배인 15개의 연결점이 생겨나게 된다. 가히 기하급수적인 증가인 것이다. 코로나19 이후에 언택트의 일상화로 디지털 대전환 시대가 도래하고 사람들이 디저털로 급속도로 연결되면서 디지털 생태계 내에서 막강한 플랫폼 파워를 지닌 미국의 빅테크 기업들의 영향력이 가히 기하급수적으로 증가하게 되었다. 이제 우리는 엔비디아의 칩이 들어간 IT기기로 유튜브의 컨텐츠를 보고, 인스타그램으로 비즈니스를 하고, 테슬라의 전기차를 타고 출근을 한다. 또한 Chat GPT 등장 이후 확대되는 AI의 영향력은 가히 짐작하기도 어렵다. 결국 전 세계 수많은 사람들이 미국 빅테크의 생태계 안에서 살아가고 있다는 것이다.

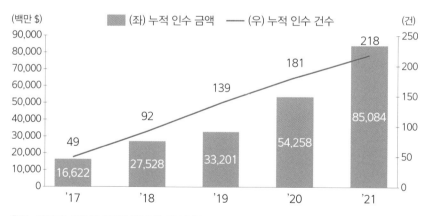

〈6대 빅테크 기업 M&A 누적 투자현황(공개 내역 기준)〉

출처: 한국지능정보사회진흥원(NIA), 2022.09

또한 미국의 빅테크 기업들은 엄청난 자본력을 바탕으로 꾸준한 R&D와 M&A를 통해 생태계를 확장하고 있다. 위에 표에서 보듯이 시간이 지날수록 빅테크 기업의 M&A 금액과 건수가 급속도로 증가하는 것을 알 수 있다. 실제로 구글의 경우 검색엔진을 기반으로 사업을 시작했지만 지속적인 M&A를 통해 모바일, AI, 클라우드 컴퓨팅으로 사업 영역을 확대하였고 마이크로 소프트의 경우 윈도우라는 소프트웨어 기업에서 이제는 AI, 클라우드 컴퓨팅 기업으로 탈바꿈하고 있다. 아마존의 경우에도 전자상거래 기업에서 로봇, 클라우드 컴퓨팅으로 사업 범위를 확장하고 있으며, 애플의 경우에도 PC와 스마트폰을 포함한 IT기기 제조업체에서 IT서비스, 콘텐츠 사업으로 기업의 체질을 변화시키고 있다.

미국 빅테크 기업들의 영향력이 과도하게 커지고 우리 삶에 너무 큰 영역을 차지하게 되는 것이 바람직하냐 아니냐의 가치 판단을 떠나, 위에서 살펴본 이유로 인해 현재의 빅테크 쏠림 현상과 승자독식 현상은 당분간 지속될 가능성이 높아 보이는 것이 사실이다.

결론적으로 투자자로서 우리는 이러한 상황을 어떻게 현명하게 이용하고 대처해 나가야 할지 고민해야 한다. 그러한 측면에서 TIGER 미국테크TOP10 INDXX ETF가 여전히 유용하고 효과적인 투자 수단이라고 생각한다.

03 팀 타이거 이야기 1 :
조직의 창의성을
어떻게 이끌어 낼 것인가,
브레인 트러스트

이제 잠시 시선을 돌려 TIGER ETF를 운용하는 운용 조직인 팀 타이거에 대해서 이야기를 해보고자 한다. 팀 타이거는 국내 ETF운용을 담당하는 ETF운용본부, 글로벌 주식 ETF 운용을 담당하는 글로벌 ETF운용본부, 금리형, 채권형 ETF 외에 구리나 석유와 같은 커머디티 ETF, 환율 관련 ETF를 운용하는 FICC운용본부, 요즘 투자자들의 관심이 높은 커버드콜 및 구조화된 ETF를 운용하는 전략 ETF 운용본부와 TIGER ETF의 시장에서의 유동성과 호가 관리, 국내외 ETF 마켓 메이커 마케팅을 담당하는 국내 유일의 조직인 캐피털 마켓 본부로 구성되어 있다. 상품 개발을 전담하는 별도의 조직은 두고 있지 않으며 담당 분야의 매니저와 본부장, 팀장들이 상품 기획에서 개발과 상장 그리고 마케팅에 이르기까지 처음부터 끝까지 책임지고 '제 자식처럼 육성'하는 방식을 고수하고 있다.

갈수록 경쟁이 치열해지고 있는 국내 ETF 시장에서 경쟁력을 가지기 위해 남들보다 앞선 상품 개발이 필수적이며, 이러한 상품 개발을 위해 조직의 창의력을 이끌어 내는 것이 무엇보다 중요하다고 생각한다. 2019년 11월 팀 타이거를 이끌게 된 이래 내가 가장 고민했던 부분 중 하나도 **'어떻게 하면 팀 타이거의 집단 창의성을 끌어낼 수 있을까?'**였다. 조직의 창의성을 이끌어 내는 방식은 개인의 창의성과 성격이 다르다. 조직의 창의성을 이끌어 내기 위해서는 창의적인 인적 자본의 기반 위에 자유로운 의견 교류가 가능한 조직 문화와 실패를 용인하는 분위기, 그리고 서로의 의견에 대해 감정 없이 비판하고 수용하는 문화 등 실로 섬세한 부분이 필요하다고 생각한다. 그런 의미에서 조직의 창의성이란 측면에서 많은 영감을 준 책이 픽사의 CEO였던 애드 캣멀의 《창의성을 지휘하라》였다. 책을 통해서 많은 인사이트를 얻었지만, 그중에 하나 지금도 활용하고 있는 것은 매주 업무와 상관없이 구성원 개인이 평소에 관심이 있었던 주제에 대해서 자유롭게 발표하고 토론하는 '브레인 트러스트Brain Trust'라는 회의다(참고로 브레인 트러스트라는 말은 애드 캣멀의 책에 나오는 회의 이름에서 따왔지만, 그 회의가 지금 우리가 하고 있는 이런 종류의 회의를 뜻하지는 않는다). 팀 타이거는 브레인 트러스트 회의를 통해서 다양한 주제에 대해서 접하고 평소에 회사에서는 이야기 나누지 못할 만한 주제에 대해서도 서로 논의하는 시간을 가진다. 어떤 때는 위스키의 세계에 대해서 배우기도 하고, 막내 신입사원이 알려주는 스트리트 댄스에 대해서 알아보기도 하며, 팬데믹의 역사와 마인드풀니스에 대해서 배우고 체험하기도 하였다. 이런 시간을 통해서 서로 다양한 주제에 대해서 토론하는 법을 배우고, 서로를 이해하고 궁극적으로 업무와 상관

없어 보이는 다양한 주제에 조직원 모두가 반복적으로 노출됨으로써 창조의 근본인 통섭에 대해서 조금씩 자연스럽게 알아가는 기회가 되고 있다고 생각한다.

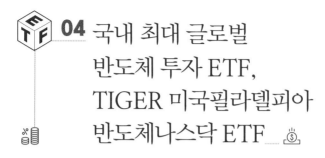

04 국내 최대 글로벌
반도체 투자 ETF,
TIGER 미국필라델피아
반도체나스닥 ETF

미국 S&P500과 나스닥100 외에 투자할 만한 두 번째 상품으로 좀 더 색다른 글로벌 섹터 투자 이야기를 시작해보려고 한다. 바로 2021년 4월에 TIGER 미국테크TOP10 INDXX ETF와 동시에 상장한 TIGER 미국필라델피아반도체 ETF, 일명 TIGER '필반나'다.

먼저 글로벌 반도체 시장에 대해서 살펴보자. 2023년 11월 기준 전 세계 반도체 산업에서 비메모리가 차지하는 비중은 83%이고, 메모리가 차지하는 비중은 17%에 지나지 않는다. 메모리 반도체에는 D램과 낸드플래시 등이 있으며, 정보를 저장하는 것이 목적인 반도체이다. 반면에 비메모리 반도체는 정보 처리를 위한 반도체로 CPU, GPU, 스마트폰에 들어가는 AP와 NPU, 이미지센서 등이 포함된다. 산업의 특성상 메모리 반도체는 소품종 다량생산으로 경기 변동에 민감하며, 양산능력이 핵심 능력이 된다. 반면에 비메모리 반도체는 다품종 소량생산으로 메모리 산업에 비해 경기 변동에 덜 민감하고 설계 기술력이 핵심 역량이 되며 메모리 산업에 비해 부가가치가 높다.

〈메모리 반도체 vs 비메모리 반도체〉

메모리		비메모리
정보 저장	목적	정보 처리
D램, 낸드플래시	제품	CPU, GPU 등
표준화, 범용 제품 경기 변동에 민감	시장구조	응용분야, 용도별 특화 경기 변동에 상대적 둔감
소품종 대량생산	생산	다품종 소량생산
미세공정 등 양산능력	기술력	설계 기술력

〈2023년 시장 규모〉

비메모리 : 83%($431Bil)   메모리 : 17%($90Bil)

출처: WSTS, 2023.11

2023년 3분기 기준으로 삼성전자는 매출액의 64%가, SK하이닉스는 93% 가 메모리 반도체에 포함되어 있어 우리나라 반도체 업체는 주로 메모리 반도체 분야에 강점이 있다고 하겠다.

종목	메모리	비메모리
삼성전자	64%	36%
SK하이닉스	93%	7%

결론적으로 **삼성전자와 SK하이닉스에만 투자하면서 반도체 산업에 투자하고 있다고 생각하는 것은, 사실 전 세계 반도체 업종의 17%밖에 차지하고 있는 메모리반도체 산업의 일부에만 투자하고 있는 것이며, 부가가치가 더 높고 AI 등 향후 성장가능성이 훨씬 높은 비메모리 산업에 대한 투자를 놓치고 있는 것**이다.

국내 반도체 기업 투자의 부족한 부분인 비메모리 반도체 산업에 투자할 수 있는 수단이 바로 TIGER 미국필라델피아반도체나스닥 ETF인 것이다.

2021년 4월 우리나라 투자자들이 메모리 반도체에 쏠려 있는 우리나라 반도체 업체에 투자하는 것에 만족하지 말고, 향후 경제 성장의 핵심이 되는 반도체 산업의 핵심이자 고부가 가치를 창출하는 비메모리 반도체에 투자하는 수단을 제공하고자 TIGER 미국필라델피아반도체나스닥 ETF, TIGER 필반나를 국내 최초로 소개하게 되었다.

그러면 좀 더 구체적으로 들어가서, TIGER 미국필라델피아반도체나스닥 ETF가 추종하는 필라델피아반도체 지수에 대해서 알아보자. 필라델피아반도체 지수는 필라델피아 증권거래소가 1993년부터 발표해온 세계적인 반도체 지수로, 반도체 설계·유통·제조 및 판매와 관련 있는 30개의 기업으로 구성되어 있다. 글로벌 비메모리 반도체 시장은 미국이 주도하며 이러한 대표적인 미국 비메모리 반도체 기업을 모두 담고 있는 지수가 바로 필라델피아반도체 지수인 것이다. 뿐만 아니라 대만의 대표적인 파운드리 업체인 TSMC, 네덜란드의 ASML과 같은 비 미국계 기업들도 ADR 형태로 미국에 상장되어 있어 필라델피아반도체 지수에 편입되어 글로벌 반도체 종목에 동시에 투자할 수 있는 지수라고 할 수 있다.

아래 구성종목에 보는 것처럼 엔비디아를 포함해, AMD, 인텔, TSMC, ASML 등 글로벌 유수의 반도체 업체를 모두 포함하고 있는 것을 알 수 있다.

〈필라델피아반도체 지수 편입 종목〉

사업 분류	IDM	팹리스	파운드리	장비	소재
시조 비중	37.4%	35.9%	4.5%	20.5%	1.7%

종목명	비중	분류	주요 사업
ADV MICRO DEVICES(AMD)	9.5%	팹리스	CPU
BROADCOM	8.7%	팹리스	통신 칩셋
NVIDIA	8.7%	팹리스	GPU
QUALCOMM	7.8%	팹리스	휴대폰칩
INTEL	7.6%	IDM	CPU
MARVELL TECH	4.3%	팹리스	스토리지
MICRON TECHNOLOGY	4.0%	IDM	DRAM
LAM RESEARCH	3.9%	장비	식각

TEXAS INSTRUMENTS	3.9%	IDM	아날로그
KLA	3.8%	장비	테스트
TSMC	3.8%	파운드리	파운드리
ANALOG DEVICES	3.7%	IDM	아날로그
APPLIED MATERIALS	3.7%	장비	증착
ASML	3.7%	장비	노광
MICROCHIP TECHNOLOGY	3.7%	IDM	DRAM
NXP SEMICONDUCTORS	3.7%	IDM	아날로그
ON SEMICONDUCTOR	2.5%	IDM	아날로그
GLOBALFOUNDRIES	2.4%	파운드리	파운드리
MONOLITHIC POWER SYS	2.3%	팹리스	아날로그
ENTEGRIS	1.4%	소재	도금제
SKYWORKS SOLUTIONS	1.3%	팹리스	통신 칩셋
TERADYNE	1.3%	장비	테스트
QORVO	0.8%	IDM	통신 칩셋
LATTICE SEMICOND	0.7%	IDM	논리소자
AMKOR TECHNOLOGY	0.6%	소재	패키징&테스트
RAMBUS	0.6%	팹리스	IP 설계
COHERENT	0.5%	소재	이온 주일
ALLEGRO MICROSYSTEMS	0.4%	IDM	아날로그
AXCELIS TECH	0.3%	소재	이온 주입
WOLFSPEED	0.3%	IDM	아날로그

기준일: 2024.01.16 구성종목 및 비중은 변경될 수 있다.

필라델피아반도체 지수는 반도체 업종이 글로벌 대표적인 성장 산업임을 반증하듯 미국의 대표 지수인 S&P500과 나스닥100 지수 대비 우수한 장기 성과를 보여주고 있다. 2013년 말부터 2023년 말까지 10년간의 성과를 살펴보면 필라델피아반도체 지수가 7.8배, 나스닥100 지수가 4.7배, S&P500 지수는 2.6배 성장한 것을 알 수 있다. 2013년은 2012년 국내에 코스피200 지수의 일간 수익률의 2배를 추구하는 코스피 레버리지가 상장되어 거래대금이 폭발적으로 증가하던 시기인데 돌이켜보면 결국 박스권에 머물러 있는 국내 주식형 레버리지 투자보다 S&P500이나 나스닥100, 욕심을 조금 더 내서 TIGER 미국필라델피아반도체나스닥에 투자했더라면 훨씬 더 높은 수익률을 거두었을 것이라는 점을 알 수 있다.

〈미국 대표지수 대비 우월한 장기 성과〉

출처: Bloomberg, 미래에셋자산운용, 2012.12.31~2023.01.27

국내 최초 글로벌 반도체 기업에 투자할 수 있는 TIGER 미국필라델피아반도체나스닥 ETF의 상장을 통해서 국내 투자자들도 반도체 투자에 있어 삼성전자와 SK하이닉스 위주에서 벗어나 부가가치가 높은 글로벌 비메모리 업체에 손쉽게 투자할 수 있는 길이 처음으로 열렸고, 특히나 연금 계좌에서 투자자들이 TIGER 미국필라델피아반도체나스닥을 매수할 수 있게 되면서 투자자들의 노후 준비에 큰 도움이 된 의미 있는 상품이라고 생각한다.

05 미국 주식 거래가
멈춰 있는 시간에 어떻게
한국에서 미국 주식을
매매할 수 있을까?

지금은 누구나 당연하게 생각하고 있지만 2021년 TIGER 미국테크TOP10 ETF를 상장하던 당시만 하더라도 미국 주식시장 매매가 멈춰 있는 한국 시간에 미국주식들을 모아놓은 ETF를 실시간으로 매매한다는 것은 획기적인 일이었다. 대표지수인 S&P500이나 나스닥100의 경우에는 24시간 거래가 되는 선물이 있어 어렵긴 하지만 이론적으로 유동성공급자 입장에서 호가 제출이 가능한 상품이다. 미국 주식 현물 시장이 문을 닫고 있는 시간에도 CME에 상장된 선물을 통해서 S&P500과 나스닥100의 가격 움직임을 파악하고 그 가격에 맞춰 한국 시장에서 LP가 호가를 제출할 수 있기 때문이다. 하지만 TIGER 미국테크TOP10 ETF의 경우에는 해당 지수를 기초자산으로 하는 24시간 거래되는 선물도 없을 뿐만 아니라, 테크 종목의 특성상 개별 종목의 변동성이 크기 때문에 유동성공급자 입장에서 미국 주식시장에서 매매가 안 되는 시간에 호가를 제공한다는 것이 이론적으로 불가능한 상황이었다.

　따라서 국내 어떤 운용사도 시도해보지 못한 새로운 미션 수행을 위해 TIGER 미국테크TOP10 ETF를 상장하면서 미국 개별종목 헤지 매매를 위해 미국을 비롯한 전 세계 시장을 대상으로 유동성공급자 역할을 수행하는 글로벌 마켓메이커를 섭외해야만 했다. 글로벌 ETF 마켓메이커, 혹은 HFT^{High Frequency Trading}라고 불리는 이들은 전 세계 주식 시장에서 다양한 자산을 거래하는 것을 전문으로 하는 회사들이다. 개인투자자들은 생소할 미국의 Susquehanna, 네덜란드의 Optiver, Flow Traders, Jump trading, Vivian court 등 많은 회사가 있다. 이 회사들은 본인들만의 헤지 전략으로 다양한 자산을 끊임없이 사고 팔면서 매매 차익을 추구하며 결과적으로 해당 자산에 유동성을 공급하는 역할을 수행하고 있다. 그 당시 국내 증권사 유동성공급자는 미국 주식으로 구성된 지수를 한국 시간에 헤지할 능력이 없었기에 이들에게 호가를 받아서 그 호가를 바탕으로 TIGER 미국테크TOP10 ETF를 상장해서 거래할 수 있었다.

　주로 시드니, 싱가포르, 홍콩 등에 사무실을 두고 아시아 시장 전체를 거래하는 글로벌 마켓메이커들의 APAC^{Asia Pacific} 사무실을 하나하나 찾아가서 국내 시장 참여를 설득하고 국내 증권사 유동성공급자들을 교육하고 해당증권사의 위험 관리 부서를 설득하여 유동성공급자로 참여하도록 유도하는 작업이 쉽지만은 않았다. 이제는 이 모든 플랫폼과 글로벌 주식의 유동성을 공급하는 새로운 ETF 생태계가 형성되어 그 수혜를 모든 운용사와 모든 투자자들이 누리고 있지만, 이러한 ETF 유동성 공급의 혁신은 미래에셋의 글로벌 네트워크가 아니었으면 불가능했을 것이라고 믿고 있다.

06 배당이 꾸준하게 성장하는 기업에 투자하는 TIGER 미국배당다우존스 ETF 지수

지금까지 미국 시장의 가장 대표적인 지수인 S&P500과 성장주의 대표격인 나스닥100, 그리고 글로벌 혁신을 이끄는 미국 빅테크에 집중투자하는 TIGER 미국테크TOP10 INDXX, 정보화 시대의 쌀이라고 할 수 있는 글로벌 비메모리반도체 기업에 투자하는 TIGER 미국필라델피아반도체 ETF, 필반나에 대해서 알아보았다. 이제 시선을 성장주가 아닌 안정성과 현금 흐름에 방점을 둔 배당주로 돌려서 미국의 대표적인 배당성장주인 TIGER 미국배당다우존스 ETF에 대해서 이야기해보려고 한다.

	2020년	2021년	2022년	2023년
미국배당다우존스 TR	15.2%	29.9%	-3.2%	4.6%
S&P500 TR	18.4%	28.7%	-18.1%	26.3%

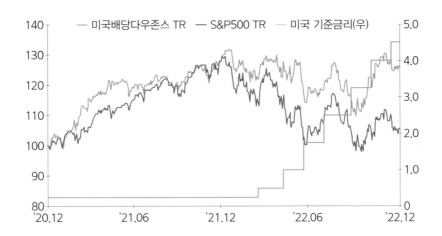

2022년 3월 0.25% 수준의 초저금리였던 미국 FRB 기준금리가 0.5%으로 인상된 이후 인플레이션을 잡기 위한 연준의 공격적인 금리 인상이 시작되었다. 0.5% 빅스텝 인상을 넘어 0.75% 자이언트스텝 인상까지 그야말로 연준의 공격적인 금리 인상에 금융시장은 요동을 쳤고 주식시장의 양상도 확연히 달라지기 시작했다. 초저금리시대에 각광을 받던 성장주들의 성과가 주춤하고 배당주와 양호한 현금흐름을 가지고 있는 이른바 퀄리티 주들이 각광을 받기 시작한 것이다.

실제로 미국 ETF 시장의 연도별 자금유입 상황을 살펴보면, 2021년이 경우 S&P500과 대표적인 성장주인 나스닥100이 순위를 차지하고 있지만 2022년에는 배당, 커버드콜 등 인컴형 ETF가 상위권을 차지한 것을 알 수 있다. 2021년 자금 유입 상위권에 전혀 이름을 나타내지 못한 인컴형, 배당형 상품들이 2022년을 기점으로 크게 각광을 받기 시작하여 미국배당다우존스 지수를 추종하는 대표적인 미국 상품인 Schwab US Dividend Equity^{SCHD}가 155억달러로 4위를 JP Morgan 자산운용의 JPM Equity Premium Income^{JEPI}가 129억달러로 5위를, Vanguard High Dividend Yield^{VYM}가 88억달러로 10위를 기록한 것을 알 수 있다.

〈최근 2개년 미국상장 자금유입 상위 주식형 ETF 비교〉

(단위: 백만달러)

2021년		2022년	
ETF명	자금유입	ETF명	자금유입
Vanguard S&P 500	46,976	Vanguard S&P 500	40,101
Vanguard Total Stock Market	43,369	Vanguard Total Stock Market	25,731
SPDR S&P 500	40,474	Shares Core S&P 500	18,764
iShares Core S&P 500	31,952	Schwab US Dividend Equity	15,565
Invesco QQQ	22,853	JPM Equity Premium Income	12,925
Vanguard FTSE Developed Markets	16,055	Vanguard Value	11,121
Vanguard Value	15,393	Vanguard FTSE Developed Markets	10,278
iShares Core MSCI EAFE	13,767	Pacer US Cash Cows 100	9,316
Vanguard Total International Stock	12,975	Vanguard Growth	9,220
Vanguard FTSE Emerging Markets	11,362	Vanguard High Dividend Yield	8,858

출처: ETFGI, 미래에셋자산운용

사실 이러한 미국 배당투자 ETF의 인기는 갑자기 나타난 것이 아니다. 2020년 코로나19에 성장주에 대한 투자가 급증하면서 배당투자에 대한 인기가 잠시 주춤하기는 했지만 2017년 이후 매년 꾸준히 유입 금액을 늘리며 성장해왔던 것이다. 때마침 2022년 금리 인상으로 때마침 배당주의 성과가 두각을 나타내면서 성장세가 두드러지고 국내 투자자들 사이에서도 S&P500과 나스닥100 투자에 이어 새로운 미국 주식의 투자 대안으로 자리잡게 되었다.

〈미국 배당투자 ETF 연도별 자금 유입〉

(단위: 십억달러)

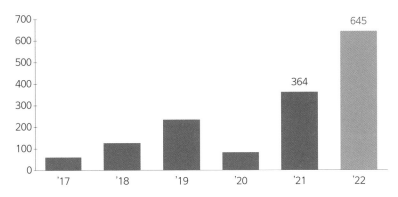

※ 미국상장 AUM 10억달러 이상 ETF
출처: Bloomberg, 미래에셋자산운용, 기준일: 2022.12.31

이러한 시장 상황에서도 가장 큰 주목을 받은 상품이 SCHD, Schwab US Dividend Equity이다.

SCHD ETF가 추종하는 지수인 Dow Jones U.S. Dividend 100 지수는

S&P500 지수를 산출하는 미국의 스탠다드 앤드 푸어스사가 산출하는 지수로 서 **미국에 상장된 기업 중 10년 이상 꾸준히 배당금을 지급한 기업 중에서 현금흐름 및 자기자본이익률(ROE**^{Return on Equity}**) 등의 재무비율을 기준으로 동종업종 대비 펀더멘털이 우수한 100개의 종목으로 구성된 지수**다.

단순하게 배당수익률의 높은 종목으로만 구성했을 경우 당장의 배당금은 높을 수 있지만 주가가 오르지 않거나 오히려 떨어지는 가치 함정^{Valuation Trap}에 빠지는 단점이 있는 경우가 많은데, 배당의 지속 가능성과 성장성, 그리고 기업의 펀더멘털까지 고려하면서 기존의 고배당주의 단점을 극복한 것이 바로 배당성장 포트폴리오라고 하겠다.

미국배당다우존스 지수의 편입 조건을 살펴보면, **첫째 최소 10년 이상 연속으로 배당금을 지급한 기업을 선별함으로써 배당의 연속성을 보장하였다.** 일회성으로 배당을 지급하는 것이 아닌 지속적인 주주친화정책을 펼치는 검증된 기업을 선별하는 기준이라고 보면 되겠다. **두 번째 기준은 과거 5년간의 배당 성장율이다.** 단순히 배당금만 지급한 기업이 아니라 꾸준히 배당금을 늘려 나가는 기업으로 추리겠다는 의미다. 배당금을 늘린다는 의미는 적극적인 주주친화정책의 표현이기도 하지만 한편으로는 기업의 본업을 잘해서 배당금을 늘릴 수 있는 건실한 기업이라는 의미도 되기에 큰 의미가 있다고 하겠다. 그 결과 미국배당다우존스 지수를 추종하는 대표 상품인 SCHD의 경우 2013년 이후 살펴봤을 때 매해 배당률을 높이는 모습을 나타내고 있다.

배당과 관련된 마지막 기준으로 **미국배당다우존스 지수는 주가 수준을 감**

안한 배당수익률을 고려함으로써 배당으로 인한 실질적인 수익성까지 감안하는 것을 알 수 있다.

10년 연속 배당금을 지급하고 배당금을 늘려왔지만 사실은 기업 내부적으로는 재무건전성이 악화되고 있는 상황이었다면 어떨까? 실제로 일부 기업들은 기업 오너 일가가 배당금을 챙길 목적으로 과도한 배당금을 지급하는 경우도 있기에 재무 건전성과 기업의 성장성을 보여주는 재무지표를 점검할 필요가 있다. 배당 관련된 꼼꼼한 기준 외에도 미국배당다우존스는 현금흐름과 부채비율을 감안하여 재무 건전성을 점검하고 자기자본 대비 얼마나 효율적으로 이익을 거두고 있는지를 나타내는 자기자본이익률(ROE$^{Return\ on\ Equity}$)를 살펴서 동종업계 대비 우수한 기업만 편입하기에 기업의 펀더멘털까지 감안한 지수라고 할 수 있겠다.

〈미국배당다우존스 지수 편입 조건〉

TIGER 미국배당 다우존스	배당 내역	최소 10년 연속 배당금 지급	➡	배당연속성
		과거 5년 배당성장률	➡	배당성장성
		배당수익률(특별배당 제외)	➡	배당수익성
	펀더멘털	현금흐름 부채비율	➡	재무건정성
		자기자본이익률(ROE)	➡	기업성장성

결과적으로 이러한 깐깐한 편입 요건을 충족하는 기업은 **안정적인 영업활**

동을 영위하고 있어 지속적인 매출로 배당의 재원 확보가 가능하고 재무적 안정성 또한 높은 기업이라고 할 수 있다.

실제로 미국배당다우존스에 편입된 주요 기업들의 면면을 살펴보면 코카콜라, UPS, 브로드컴, 암젠, 홈디포 등 본업의 경쟁력이 우수하고 꾸준한 현금흐름으로 지속적으로 배당금을 늘려온 기업들임을 알 수 있다.

〈미국배당다우존스 주요 기업 5년 배당성장률〉

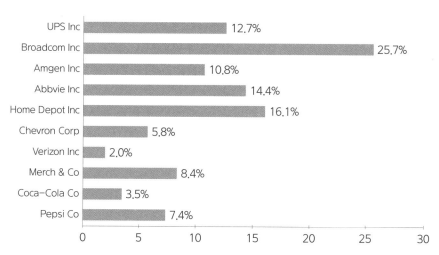

출처: Bloomberg, 미래에셋자산운용, 기준일: 2023.04.30

본업에서의 경쟁력이 우수할 뿐만 아니라 안정적인 현금흐름을 가지고 있는 미국배당다우존스 편입종목은 특히나 주가하락 국면, 기업의 이익 감소 국면 그리고 시장변동성 확대 국면에서 시장 대비 낙폭을 축소하면서 시장 대비 높은 수익률을 거두는 경향을 나타내고 있다. 닷컴 버블, 글로벌 금융위기, 유럽 재정위기, 그리고 최근의 미국의 공격적인 금리 인상 등 시장이 큰 폭을 조정을 받던 시기에 시장 대비 높은 수익률을 거두면서 장기로 투자했을 때 대표 지수보다 높은 수익률을 거두는 모습을 보여주었다.

〈미국배당다우존스 지수 추이〉

추가하락국면	S&P500	미국배당다우존스
닷컴 버블(2000.09.30~2002.08.31)	−36.20%	15.60%
글로벌 금융 위기(2007.10.30~2009.03.31)	−47.90%	−41.70%
유럽 재정위기(2011.04.29~2011.08.19)	−17.60%	−13.60%
중국 증시폭락(2015.07.17~2016.02.12)	−12.30%	−6.20%
미중무역전쟁, 미국금리인상, QT (2018.09.28~2018.12.21)	−17.10%	−14.10%
코로나19(2020.02.14~2020.0330)	−31.80%	−31.20%
인플레, 금리인상, QT 등 긴축전환 (2021.12.31~2022.11.04)	−20.90%	−9.40%

출처: Bloomberg, 미래에셋자산운용

지수 배당 수익률을 살펴보면, 표에서 보는 것처럼 S&P500 지수가 연 2%채 미치지 못하는 배당수익률을 보이고 있는 반면, 미국배당다우존스 지수는 꾸준하게 3%대 이상의 배당수익률을 나타내고 있는 것을 알 수 있다. 더욱 중요한 것은 미국배당다우존스에 포함된 종목들이 매년 꾸준히 배당을 성장시키고 있는 종목들이라는 점이다.

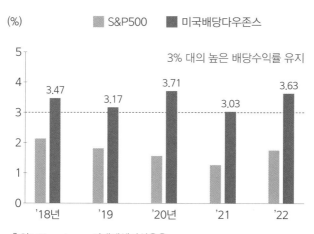

〈미국배당다우존스 지수 배당수익률〉

출처: Bloomberg, 미래에셋자산운용

이제 2000년 이후 미국배당다우존스와 S&P500의 배당을 포함한 누적수익률을 비교해보자. 아래 표에서 보듯이 2000년 이후 미국배당다우존스가 S&P500 대비 꾸준하게 높은 수익률을 나타내며 2022년 말 기준 S&P500 대비 1.9배를 상회하는 수익률을 보여주고 있는 것을 알 수 있다. 단순히 배당이 높은 고배당주를 모아 놓았을 경우 배당수익률은 높지만 기업의 성장성이 높지 않고 지속적인 저평가에서 벗어나지 못하는 가치함정Valuation Trap에 빠져서 배당과 주가를 포함한 전체 수익률로 보았을 때 지수 대비 열위한 성과를 나타내는 경우가 많은데, 미국배당다우존스 지수는 높은 배당 수익률에 주가 상승에 따른 수익성까지 함께 가져갈 수 있는 것이다.

〈미국배당다우존스 지수 추이〉

('00.01.31=100)　　— 미국배당다우존스　　— S&P500

S&P500 대비
약 1.9배 상회

출처: Bloomberg, 미래에셋자산운용

07 월분배로 업그레이드된 배당전략, 한국판 SCHD, TIGER 미국배당다우존스 ETF

한국판 SCHD, TIGER 미국배당다우존스 ETF는 2023년 6월 20일에 상장되었다. 총보수는 0.01%로 그야말로 거의 제로에 가까운 수준이다. TIGER 미국배당다우존스 ETF는 국내 투자자들이 가장 선호하는 미국 배당성장 ETF인 SCHD와 동일한 Dow Jones U.S. Dividend 100 지수를 그대로 추종한다는 점 이외에 보유한 주식에서 발생한 배당을 재원으로 매달 분배금을 지급하는 월분배 상품으로 미국의 SCHD 대비 한층 업그레이드된 상품이라고 할 수 있겠다.

미국배당다우존스에 편입된 100종목 중 99종목은 분기배당을 실시하고, 1종목만 반기 배당을 실시하고 있다. 반기 배당 1종목을 포함하여 1, 4, 7, 10월 분기배당하는 종목이 30종목, 2, 5, 8, 11월 분기배당하는 종목이 29종목, 3, 6, 9, 12월에 분기배당하는 종목이 40종목으로, 매달 배당하는 종목들이 분산되어 있어 해당 재원으로 안정적인 월배당이 가능하다.

〈미국배당다우존스 종목별 배당주기〉

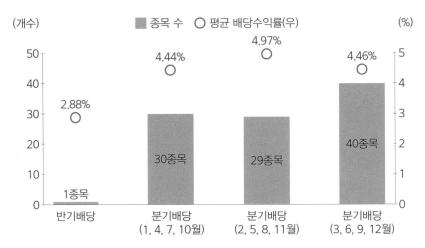

출처: Bloomberg, 미래에셋자산운용, 기준일: 2023.04.30

월분배 ETF는 특히 연금저축계좌나 IRP, DC형 퇴직연금 계좌 내에서 투자할 경우 투자 효과를 극대화할 수 있다. 일반 계좌로 월분배금을 받을 경우 일반적으로 15.4%의 배당소득세가 원천징수되어 실제로 계좌로 입금되어 실제로 투자자가 수령하는 세후 금액이 감소하는데 연금저축계좌나 IRP, DC형 퇴직연금 계좌에서 월분배 ETF의 분배금을 받을 경우 세금이 원천 징수되지 않고 과세가 이연되기 때문에 장기 투자 시에 재투자 수익률이 극대화될 수 있다.

예를 들어 일반 계좌에서 1,000원의 분배금을 받을 경우 15.4% 세금이 원천 징수된 846원이 입금되는 반면 연금 계좌에서 받는 경우는 1,000원의 분배금이 원천징수 되는 세금 없이 그대로 입금된다는 것이다. 수령한 분배금은 해당 상품에 그대로 재투자하거나 다른 상품에 투자가 가능하므로 장기로 투자할 경우 재투자 수익률이 극대화될 수 있는 것이다.

〈월 분배 ETF 연금에서 활용하기〉

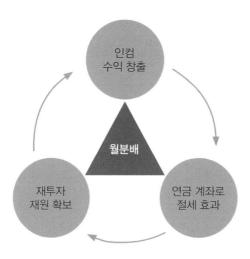

※ 연금 투자 시 과세 이연 가능

08 경쟁과 우정 사이, TIGER 미국배당다우존스 개발 이야기

2023년 여름은 그야말로 국내 ETF 운용사 간에 미국배당다우존스 시장을 두고 이른바 '미배당 ETF 대전'이 벌어진 시기였다. 1년여가 지난 지금 그 당시 업계 동료이자 선후배들과 치열하게 경쟁하던 뒷이야기를 조금 꺼내보고 자 한다.

TIGER 미국배당다우존스 ETF의 상장일은 2023년 6월 20일. TIGER 미 배당 상장할 당시 이미 2021년 10월 21일에 상장한 한투운용의 ACE 미국배 당다우존스와 2022년 11월 15일에 상장한 신한자산운용의 SOL 미국배당다 우존스가 상장되어 있었다. 최초 상장은 한투운용 ACE ETF로, 두 번째로 시 장에 참여한 신한자산운용과 비교해서도 1년 넘게 앞서 있었지만 최초 상장 당시 ACE 미국배당다우존스의 고보수(연 0.50%)와 분기배당 정책으로 인해서 투자자들의 큰 사랑을 받지는 못했고, 오히려 2022년 11월 신한자산운용의

SOL 미국배당다우존스가 그 당시 연 0.15%의 저보수와 월분배로 투자자들의 관심을 받으며 상반기 바람몰이를 하고 있는 상황이었다.

사실 이미 2개의 상품이 있는 상태에서 이 상품을 상장할 것인지에 대해서 내부적으로 논의가 이어졌다. 개인적으로는 사실 많이 망설였다. 신한자산운용의 ETF 사업을 총괄하고 있는 김 모 실장은 삼성자산운용에서 오랫동안 한 솥밥을 먹던 과거 동료이자 업계 후배이자 좋아하는 친구였고 종종 연락하면서 여전히 좋은 관계를 유지하고 있었기 때문이었다. 그리고 김 실장도 삼성자산운용에서 신한자산운용으로 옮겨서 절치부심 많은 노력과 시도 끝에 가장 의미 있는 성공을 SOL 미국배당다우존스로 만들어 내고 있었기에 비즈니스에 앞서 내적인 갈등이 있었다.

하지만 결국 본부장, 팀장들과 격렬한 토론 끝에 미국배당다우존스을 중심으로 한 배당주, 인컴형 라인업이 우리가 주도권을 잡고 있는 성장주 라인업만큼이나 중요한 한 축을 담당할 부분이고, 우리가 차세대 주력으로 준비하고 있던 미국배당다우존스 주식 포트폴리오에 커버드콜 전략을 가미한 TIGER 미국배당+3%프리미엄다우존스와 TIGER 미국배당+7%프리미엄다우존스 ETF의 기초가 되는 상품이기 때문에 반드시 해야 한다는 결론이 내려졌다. 김 실장에게는 미안하지만 어쩔 수 없는 선택이었다. 개인적인 이유로 비즈니스 방향을 바꿀 수는 없었다.

해당 상품에 대한 거래소의 정식 승인이 떨어진 날, 거래소로부터 승인 소식을 듣자마자 신한운용 김 실장에게 전화를 걸었다. 이래저래해서 우리도 미국배당다우존스를 출시하게 되었다고 하자 김 실장은 "비즈니스 하는데 어쩔 수 없지 않나. 그래도 미리 알려줘서 고맙다."는 답변을 했다. 평소 서글서글하고 사람 좋기로 유명한 김 실장다운 대답이었다. 그래도 새로운 곳에서 이제 의미 있는 성공을 거두고 있는 동료이자 후배인 김 실장에게 미안한 마음이 드는 것은 어쩔 수 없었다.

거래소 상장 승인이 난 이후, 이제 본격적인 마케팅 전략 수립에 들어갔다. 이미 상장하기로 결정하고 상장 승인까지 받은 이상 최선을 다해야 했다. 안 하면 안 했지 의미 없이 일을 할 수는 없기 때문이다.

미국배당다우존스에 투자하는 투자자들은 인컴형 투자자들의 특성상 비용에 극도로 민감한 투자자라는 생각이 들었기에 우리는 기존의 SOL과 ACE 대비 낮은 0.09%의 보수를 책정하고 펀드를 운용하면서 발생하는 기타 비용까지 최대한 낮추기 위해 증권사와 기관투자자들을 직접 방문하면서 초기 설정액을 최대한 늘리기 위해 노력했다.

국내 주식형 ETF의 경우 펀드의 설정환매는 주식으로 이루어진다. 이를 '현물 설정, 환매In-kind Creation/Redemption'라고 부른다. 기본적으로 현물 설정, 환매가 가능하면 ETF는 최대한 현물 설정환매 방식을 따른다. 왜냐하면 설정환매에 따라서 주식이 직접 펀드에 입고되고 출금되기 때문에, 설정환매에 따른 펀드 내에서의 주식 매매가 필요하지 않아 매매 비용이 절약되기 때문이다. 하지만 해외주식형의 경우 해외주식으로 직접 설정환매를 받는 것이 결제 불이행 리스크 등으로 인해서 어렵고 따라서 ETF 설정 환매시에 원화를 주고 받는 '현금 설정환매Cash Creation/Redemption' 방식을 따른다. 따라서 펀드에 설정환매가 발생할 경우에 추가 설정, 환매 대응을 위한 주식 매매 비용을 펀드가 부담해야 하는 일이 발생한다. 이는 펀드의 기타 비용 증가에 결정적인 영향을 미친다.

예를 들어 100억짜리 펀드에 100억이 추가로 설정되면 펀드매니저는 100억에 해당하는 주식을 매수해야 하고, 그에 따른 매매 비용은 기존의 100억에 해당하는 투자자와 신규로 진입하는 투자자가 동시에 부담하게 된다. 100억 짜리 펀드에 1,000억이 신규로 설정된다면 기존 투자자에게 돌아가는 매매 비용 부담은 더욱 커질 것이다.

비용 최소화가 중요한 상황에서 상장 이후 기타 비용 최소화를 위해서 초기 설정액을 크게 할 필요가 있었다. 초기 설정액이 2,000억이라면 2,000억의 펀드 자금이 다 판매될 때까지 추가 설정이 필요 없고, 그 이후에 추가 설정이 되더라도 이미 규모의 경제가 이루어져 투자자들에게 전가되는 매매 비용이 상대적으로 작아지기 때문이다. ETF 유동성공급자 역할을 담당하는 거의 모든 증권사를 찾아가 설득 작업을 거듭한 끝에 TIGER 미국배당다우존스는 초기 설정액 2,830억이라는 해외주식형 ETF 역사상 전무후무한 최대 규모로 상장하게 되었다.

반응은 즉각적이었다. 상장하면서 TIGER의 저보수와 높은 순자산에 많은 투자자들이 TIGER를 선택했고, 우리가 보여주고자 했던 비용 측면, 성과 측면에서의 우월성이 시간이 지날수록 기타비용 공시를 통해서 그리고 펀드 성과를 통해서 투자자들이 확인할 수 있었고 많은 투자 인플루언서들을 통해서 자연스럽게 더 많은 투자자들에게 알려졌다. 미국배당다우존스의 투자자들은 우리가 당초 예상했던 것보다 비용에 훨씬 더 민감한 모습을 보였고, 매달 기타 비용을 체크하면서 시장에 상장된 미국배당다우존스 ETF를 비교하여 우열을 가리는 모습을 보였다.

결국 치열한 경쟁 끝에 지금 국내에 상장된 미국배당다우존스 ETF 3종의 총보수는 0.01%, 미국에 상장되어 있는 원조격인 SCHD 0.06%의 6분의 1밖에 안 되는 수준까지 떨어졌다. 여전히 미국배당다우존스를 운용하고 있는 3개사 모두 비용을 최소화하고 최대한의 성과를 내기 위해 고군분투하고 있다. 치열했던 국내 ETF 운용사들의 경쟁과 노력은 결국 투자자의 혜택으로 돌아가게 되었다.

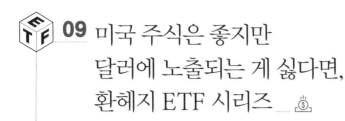

09 미국 주식은 좋지만 달러에 노출되는 게 싫다면, 환헤지 ETF 시리즈

다음으로 미국 주식에 ETF로 투자를 하고 싶지만, 환율 변동에 따른 위험은 헤지하고 싶은 투자자들을 위한 환헤지 상품 라인업을 소개하고자 한다. 지금까지 소개한 TIGER 미국S&P500, TIGER 미국나스닥100, TIGER 미국테크TOP10INDXX, TIGER 미국필라델피아반도체나스닥, TIGER 미국배당다우존스 ETF는 모두 미국 달러 변동에 노출된 상품이다. 즉, 보유하고 있는 기업들의 주가의 가격 변동 이외에 미국달러와 원화 간의 가치 변동분도 가격에 반영되는 구조다. 예를 들어, 달러 가치가 상승하면(원달러 환율이 오르면) ETF의 가격이 올라가고, 달러 가치가 하락하면(원달러 환율이 내리면) ETF의 가격도 내려가는 것이다.

2022년 이후 미국의 기준 금리 인상으로 인해 달러 가치가 상승하면서 그동안 투자자들은 달러 가치의 상승에 따른 환차익을 누렸지만, 2024년 이후 미국의 금리 인하 싸이클이 예상되는 상황에서 향후 원달러의 방향성이 변화할 가능성이 있기에 환율을 헤지하고자 하는 수요는 증가할 것으로 예상된다.

〈환율 상황에 따른 TIGER 미국테크TOP10 2종 스위칭 매매법(예시)〉

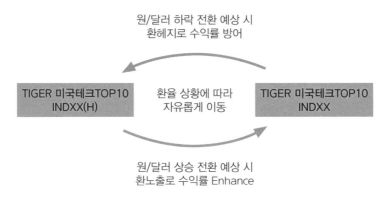

특히나 퇴직연금 계좌의 경우 ETF 매매 시 매매 수수료가 별도로 부과되지 않고, 실현된 이익에 대해서 과세가 이연되기 때문에 환율 예측에 따른 환노출형과 환헤지형 간의 교체 매매의 실익이 크다고 할 수 있다. 투자자의 성향에 따라서는 환율에 대한 예측을 바탕으로 환노출과 환헤지 상품에 전략적으로 투자하는 방법도 가능하다.

개인연금저축 계좌에서는 선물에 투자하는 선물형 ETF 투자가 가능하지만 퇴직연금과 IRP계좌의 경우 투자가 불가하므로 실물자산에 투자하면서 환헤지된 상품이 필요하다.

TIGER ETF는 퇴직연금과 IRP계좌에서 국내 투자자들이 가장 많이 보유하고 있는 S&P500, 나스닥100, 미국테크TOP10의 실물형 환헤지형 ETF를 운용하고 있다. 환율 변동에 적극적으로 대응하고 싶은 투자자라면 참고하길 바란다.

구분	TIGER 미국나스닥100TR(H) ETF	TIGER 미국 S&P500TR(H) ETF	TIGER 미국테크 TOP10INDXX(H) ETF
상장일	2022.11.25	2022.11.25	2023.12.5
투자대상	나스닥100 지수	S&P500 지수	Indxx US Tech Top10 지수
AUM	996억	1,581억	152억
총보수율(%)	0.07%	0.07%	0.49%
리밸런싱	연 4회 (매년 3, 6, 9, 12월 셋째주 금요일)	연 4회 (매년 3, 6, 9, 12월 셋째주 금요일)	연 4회 (매년 3, 6, 9, 12월 셋째주 금요일)
결제주기	T+2 (국내 상장주식과 동일)	T+2 (국내 상장주식과 동일)	T+2 (국내 상장주식과 동일)
세금	배당소득세(15.4%) (금융소득종합과세 시 합산 대상)	배당소득세(15.4%) (금융소득종합과세 시 합산 대상)	배당소득세(15.4%) (금융소득종합과세 시 합산 대상)

기준일: 2023.12.13

아울러 환헤지 투자와 관련해서 투자자들이 환헤지형 ETF를 투자를 결정하기에 앞서 꼭 알아야 할 사항이 있다.

첫째, 환헤지ETF에는 환헤지에 따른 추가적인 비용이 소요된다는 점이다. 2024년 2월 현재 기준 대략적으로 원달러를 헤지하기 위해서는 연간 2% 내외의 환헤지 비용이 추가로 필요하다. 총보수나 기타보수에도 보이지 않는 추가 비용인 셈으로, 결국 환을 고정시키는 것이 결코 공짜가 아닌 것이다.

둘째, 장기적인 관점에서 환노출은 투자의 성과를 높여주는 효과가 있다는 점이다. 일반적으로 원달러는 주가가 오를 때는 빠지고, 주가가 내릴 때는 오르는 경향이 있기 때문에 전체 포트폴리오의 변동성을 줄여주는 효과가 있다. 달러 노출 상품은 전체 포트폴리오 관점에서 주가가 오를 때 조금 덜 오르게 되지만, 시장이 급락할 때는 하락을 일정 부분 상쇄해주는 효과가 있다. 이러한 하락 시 수익률 방어 효과는 장기적으로 누적 수익률을 높여주는 효과를 지닌다. 따라서 장기적인 관점에서 투자하고 있는 투자자라면 현재 기준 연간 2% 수준의 비용을 지불하고서라도 환변동 위험을 헤지할 것인지 신중하게 결정할 필요가 있다.

해외주식 ETF 투자에 있어 환헤지 ETF 투자는 보수적인 투자가 아니라 높은 비용을 지불하고서라도 환율 변동의 위험을 제거하고자 하는 상당히 적극적인 투자라고 할 수 있다. 환율 변동에 적극적으로 투자하고 싶은 투자자라면 환헤지 상품을 검토하되, 위와 같은 사항은 염두에 두고 최종 투자 의사 결정을 하길 당부드린다.

10 중국을 대체할 인도 투자 이야기, TIGER 인도니프티50 ETF

이제 미국을 중심으로 한 투자를 마무리하고, 미국 외에 또 주목해야 할 나라를 살펴보고자 한다. 바로 비상하는 코끼리 '인도'이다.

2023년 인도가 중국을 제치고 인구 수로 세계 1위에 등극했다는 소식이 전해졌다. 막강한 인구의 소비와 생산력으로 2000년 이후 세계 경제를 주도하던 중국의 시대가 저물고 이제 인도의 시대가 열렸다는 것을 알리는 상징적인 사건이었다. 현재 인도의 인구는 14억 3천만명으로 중국에 비해 불과 천만명가량 앞선 상황이지만, 중국의 인구가 빠르게 감소하고 있는 반면 인도의 인구는 여전히 증가 추세에 있어 그 격차는 점차 확대될 것으로 예상되고 있다. 뿐만 아니라 2030년까지 중위 연령 31세로 42세의 중국, 40세인 미국 등 주요국 대비 가장 젊은 인구구조를 유지할 것으로 예상되기에 인구 수뿐만 아니라 경제성장에 필요한 인구의 질에 있어서도 희망적인 모습을 보여주고 있다.

실제로 인도는 막대한 인구의 소비 여력과 생산 증가에 힘입어 경제가 빠르게 성장하고 있다. 인도의 GDP는 연평균 7%가량 성장하여 2030년에는 미국, 중국에 이어 세계 3위의 경제대국으로 성장할 것으로 예상되고 있다. 이러한 기대감을 반영하듯 인도 주식시장에 막대한 자금이 유입되어, 2022년 말 전 세계 시가총액 기준 7위였던 인도의 주식시장은 2024년 1월 홍콩을 제치고 세계 4위 규모의 시장으로 성장하였다. 그야말로 거침없는 인도의 시대가 열린 것이다.

　경제 성장으로 인해 인도의 국민 소득 또한 빠르게 증가하여 소득 여력을 갖춘 중산층도 확대될 것으로 전망되고 있다. 인도 소비시장의 폭발적인 성장을 예상할 수 있는 대목이다.

〈인도 내 가계 수 및 가계소득 전망〉

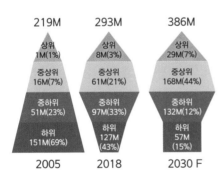

출처: Bain Report

〈1인당 국민총소득 증가 추이〉

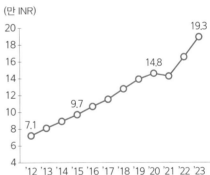

출처: Ministry of Statistics & Programme Implementation, India

그뿐만 아니다. 인도 모디 정부는 다양한 제조업과 인프라 산업 육성을 위해 노력하고 있으며 특히 'Make in India' 정책을 통해서 제조산업 및 인프라 투자가 지속적으로 증가하고 있다. 그에 따라 애플, 구글, 메타, 도요타, 삼성 전자 등 글로벌 대기업들도 2020년 이후 본격적으로 인도에 진출하여 투자를 시행하고 있다.

이런 인도에 투자할 수 있는 가장 기본이 되는 상품이 바로 국내 최대 인도 주식 투자 ETF인 TIGER 인도 니프티50 ETF이다.

TIGER 인도 니프티50 ETF의 추적지수인 **니프티50 지수는 인도 증권거래소** **NSE**National Stock Exchange of India**에 상장된 주식 중 상위 50위에 해당하는 기업을 유동시가총액 가중 방식으로 편입한 인도 주식시장의 대표지수**다.

순위	종목명	비중(%)	섹터
1	HDFC Bank Ltd.	10.9	금융
2	Reliance Industries Ltd.	7.73	에너지
3	ICICI Bank Ltd.	6.34	금융
4	Infosys Ltd.	4.99	정보기술
5	ITC Ltd.	3.75	필수소비재
6	Larsen & Toubro Ltd.	3.57	산업
7	Tata Consultancy Services Ltd.	3.47	정보기술
8	Axis Bank Ltd.	2.72	금융
9	Kotak Mahindra Bank Ltd.	2.52	금융

10	Bharti Airtel Ltd.	2.31	커뮤니케이션 서비스
11	State Bank of India	2.17	금융
12	Hindustan Unilever Ltd.	2.15	필수소비재
13	Bajaj Finance Ltd.	1.89	금융
14	Aslan Paints Ltd.	1.37	소재
15	Mahindra & Mahindra Ltd.	1.36	임의소비재
16	Maruti Suzuki India Ltd.	1.36	임의소비재
17	HCL Technologies Ltd.	1.35	정보기술
18	Titan Co Ltd.	1.34	임의소비재
19	Sun Pharmaceutical Industries Ltd.	1.24	헬스케어
20	NTPC Ltd.	1.16	임의소비재

기준일: 2023.11.17 구성종목 및 비중은 변경될 수 있다.

〈Nifty50 지수 편입 종목 섹터 비중〉

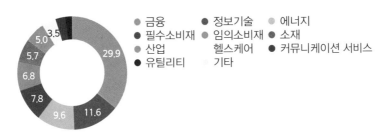

지수를 구성하는 종목은 다음과 같으며, 지수의 섹터, 산업 비중을 살펴보면 은행을 중심으로 한 금융이 약 30%, 정보기술이 11.6%로 가장 큰 비중을 차지하고, 다음으로는 에너지, 필수소비재 등이 큰 비중을 차지하고 있다.

인도 경제의 성장성은 니프티50 지수에 포함된 기업들의 매출 성장률과 영업이익 성장률에서도 찾아볼 수 있는데, 차트에서 보는 것처럼 우리나라를 포함한 주요국 대비 압도적인 누적 매출 성장률과 영업이익 성장률을 보여주고 있다.

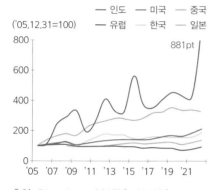

〈주요 국가별 대표지수 누적 매출 성장률〉

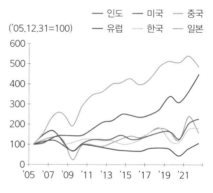

〈주요 국가별 대표지수 누적 영업이익 성장률〉

출처: Bloomberg, 2005년~2022년
인도: Nifty50, 미국: S&P500, 중국: CSI300, 유럽: EuroStoxx50, 한국: Kospi200, 일본: Nikkei225

이 결과 장기로 보았을 때 지수의 성과 또한 주요국 대비 압도적인 모습을 보여주고 있는 것을 알 수 있는데, 1991년 이후 장기로 봤을 때 중국을 포함해 미국 대비로도 2배 이상의 높은 수익률을 나타내고 있다.

〈주요국 대표지수 주가 추이〉

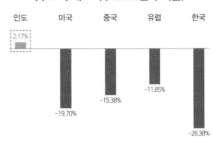

〈주요국 대표지수 2022년 수익률〉

출처: Bloomberg, 1991.01~2023.01
인도: Nifty50, 미국: S&P500, 중국: Shanghai Composite, 유럽: EuroStoxx50, 한국: Kospi200,
각국 통화로 비교

TIGER 인도 니프티50 ETF는 2023년 4월 14일에 상장되었으며 국내 최초로 인도 주식 50종목을 직접 담는 인도 주식형 실물형ETF로 2024년 1월 말 기준 순자산 2,200억으로 국내 최대 규모를 자랑하고 있다. 인도 투자에 관심이 있는 투자자라면 1순위로 검토해야 할 상품이라고 하겠다.

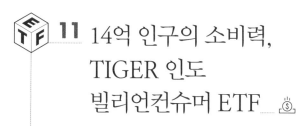

11 14억 인구의 소비력, TIGER 인도 빌리언컨슈머 ETF

이제 인도의 대표지수 투자에서 한발 더 나아가 폭발적으로 증가할 인도 중산층의 구매력 증가의 직접적인 수혜를 받을 수 있는 상품에 대해서 알아보자.

앞서 TIGER 인도 니프티50 ETF를 살펴보면서 이미 인도의 세계 1위 인구와 증가하는 소득으로 인한 폭발적인 소비 여력에 대해서 이야기하였다. 인도의 투자의 기본은 니프티50 대표 지수로 시작해야겠지만, 세계 최대 인구 대국의 소비 여력의 성장성에 투자하고 싶은 투자자들이 주목할 만한 상품이 바로 TIGER 인도빌리언컨슈머 ETF다.

TIGER 인도빌리언컨슈머 ETF가 추적하는 지수의 방법론을 살펴보면, 소비재에 속하는 인도 기업들 중 브랜드화된 재화나 서비스로 매출의 50% 이상 일으키는 기업들 중 시가총액과 거래량 등을 감안하여 20종목을 선정하며 종목당 최대 비중은 8%로 설정되어 있다.

회사명	비중	개요
Hindustan Unilever Limited	8.00%	대표적인 생활용품 소비재 기업
Titan Company Limited	8.00%	보석, 시계, 안경 등 고급 패션 액세서리 제조 기업
Tata Motors Limited	8.00%	대표 자동사 제조기업
Mahindra & Mahindra Ltd.	8.00%	자동사 제조기업, 트랙터 부문 1위
Maruti Suzuki India Limited	8.00%	점유율 1위 자동사 제조기업
Nestle India Ltd.	7.70%	식품. 음료, 초콜릿 및 제과 제조기입
BajaJ Auto Limited	5.30%	오토바이, 스쿠터 제조기업
Zomato Ltd.	5.20%	인도 온라인 음식배달업체, 인도의 배달의 민족
Britannia Industries Ltd.	5.00%	가장 오래된 인도의 식품 회사
Tata Consumer Products Limited	5.00%	타타 그룹의 소비재 자회사로 주로 커피와 차(tea) 생산

지수에 포함된 상위 종목을 살펴보면 대표적인 생활용품 소비재 기업인 Hindustan Unilever와 인도의 대표적인 자동차 제조기업인 Tata Motors, 인도의 배달의민족이라 할 수 있는 Zomato 등이 포함되어 있다.

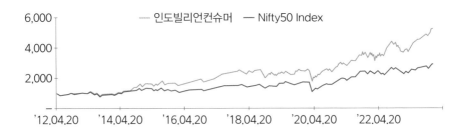

과거 성과 역시, 인도의 중산층의 지속적인 확대와 소비 여력을 폭발적 증가를 보여주듯이 대표지수인 니프티50 대비 큰 폭의 초과 성과를 거두고 있는 것을 알 수 있다.

인도 주식시장의 대표지수인 니프티50보다 좀 더 구체적으로 인도 인구의 폭발적인 소비 증가에 투자하고 싶은 투자자라면 한 번쯤은 살펴봐야 할 상품이라고 생각한다.

12 팀 타이거 이야기 2 :
TIGER의 투자 철학,
우리는 왜 탄소배출권 ETF를
출시하지 않았나?

이번에는 TIGER ETF의 '투자철학'에 대해서 이야기해보고자 한다. 앞서 프롤로그에도 자산운용업의 본질은 투자 성과를 파는 게 아니라 투자 철학을 파는 업이라고 밝혔다. 그리고 자산운용업에서 가장 중요한 것은 투자자와의 '신뢰'라고 이야기했다.

물론 대부분의 사람들이 운용사의 투자철학보다는 펀드의 수익률을 보고 투자를 결정하곤 한다. 하지만 투자철학이 바탕이 되지 않은 성과는 모래성과 같아서 시장 상황이 바뀌면 언제든지 물거품처럼 사라질 수 있고, 투자자들의 신뢰를 잃어버린 운용사는 다시는 투자자의 선택을 받을 수 없다고 생각한다. 특히 국내 ETF업계처럼 경쟁이 심하고 업계 관계자들조차도 헷갈릴 만큼 수많은 상품이 매주 쏟아지는 상황에서는 자신만의 투자철학과 가치를 투자자들과 공유하고 투자자들의 신뢰를 얻는다는 것이 큰 가치를 창출할 수가 있다고 믿는다.

앞서 TIGER 미국S&P500 ETF 상장 스토리를 이야기하면서 단기 매매가 아닌 연금 계좌를 통한 ETF 장기투자라는 투자 철학을 기반으로 TIGER 미국 S&P500 ETF를 만들었다는 이야기를 했었다. **TIGER의 투자철학은 연금 계좌를 통한 ETF 장기투자다.** 그렇게 하기 위해서 글로벌한 자산과 장기에 투자하기에 적합한 테마와 상품을 발굴하는 게 역량을 집중하고 있다. 우리가 틀릴 수도 있지만 투자자들의 노후를 책임진다는 자세로 장기로 투자할 만한 테마와 상품을 발굴하는 것이 우리의 사명이라고 생각하고 있다. 그러한 관점에서 탄소배출권 ETF 상장과 관련된 뒷이야기를 독자들과 나누고 싶다.

이제는 탄소배출권 제도가 많이 알려져 있다. 전 세계적인 탄소 배출 절감을 위한 노력의 일환으로, 기업과 국가는 탄소 배출을 줄이고 불가피하게 탄소 배출을 해야 하는 경우 탄소 배출권을 사서 그에 대한 비용을 지불하게 하는 제도다. 특히 문재인 정부 때 친환경에 관한 정책을 강하게 드라이브하면서 국내에도 탄소배출권에 대한 관심이 높아졌고, 국내 자산운용사도 미국과 유럽에 상장된 탄소배출권 선물에 투자하는 탄소배출권 ETF를 앞다퉈 상장하였다.

그리고 그 당시 미래에셋 그룹 내부에서도 투자자들이 관심이 많은 탄소배출권 ETF 상장에 대한 요구가 있었다. 당연히 팀 타이거 내부에서도 수개월에 걸친 진지한 토론과 구체적인 시장 조사 작업이 이루어졌다. 상품을 팔아야 하는 자산운용사의 입장에서 투자자의 수요가 있고, 앞으로 관심이 높아질 가능성이 농후한 만큼 당연히 상장해야 한다는 목소리가 높았다. 하지만 한편으로 탄소배출권에 대해 공부하고 고민할수록 의문이 들었다.

'탄소배출권이 우리가 추구하는 투자자들이 노후를 준비하기에 적합한 장기 투자에 적합한 상품이 맞는가?'

'탄소배출권 ETF는 TIGER ETF의 운용철학에 부합하는 상품인가?'

치열한 논쟁을 통해 환경을 위한 탄소 저감은 글로벌한 흐름이고, 향후 이러한 추세에 따라 국가와 기업들이 탄소 배출을 점차 줄여나가서 넷제로 사회가 된다면, 탄소배출권은 결국 가치가 0으로 수렴하게 될 것이라는 결론이 나왔다. 장기 우상향 하는 자산이 아니라 이론적으로 가치가 0으로 수렴하는 자산이라는 말이다. 또한 한편으로 당분간 기업이 어쩔 수 없이 탄소를 배출할 수밖에 없는 상황에서 불가피하게 구매해야 하는 탄소배출권을 **'금융자본이 들어가서 가격을 올리면 결국 최종소비자가 부담해야 할 제품의 가격이 상승하는 효과를 낳는데 그게 전체 사회 효용 측면에서 옳은 것인가?'** 하는 고민도 생겼다. 탄소배출권에 투자해서 돈을 버는 사람은 좋겠지만 그로 인해서 불가피하게 탄소 배출권을 사서 물건을 생산해야 하는 기업의 비용 증가로 이어져 인플레이션이 발생한다면 그게 사회적으로 옳은 일일까? 결국 탄소배출권 ETF는 TIGER ETF의 투자 철학에 부합하지 않을 뿐 아니라 투자의 실익과 명분도 없는 상품이라는 결론을 내렸다.

그 결과 자명해 보이는 탄소배출권 ETF 투자 수요에도 불구하고 우리는 탄소배출권 ETF를 출시하지 않기로 결정했다. 그러면서 내부적으로 왜 우리는 출시하지 않는지 어려운 설득작업을 거쳐야 했다. 역시나 타 운용사에서 상품이 출시되어 썩 괜찮은 반응이 이어졌고, 한 투자자로부터 미래에셋은 왜 탄소배출권 ETF를 출시하지 않는지 질문이 왔다. 당장이라도 출시할 수 있지만 이러저러한 이유로 해서 우리의 투자철학에 맞지 않기 때문에 출시하지 않기로 했다고 말씀을 전했고, "TIGER ETF가 출시를 안 했다면 당연히 그럴 만한 이유가 있을 것 같았고, 그냥 그게 궁금했다"는 피드백을 받았다. 못 한 게 아닐 텐데 왜 안 했는지 궁금했다는 이야기다. 어렴풋이나마 우리의 투자철학을 투자자들이 느끼고 있다는 것을 확인한 순간이었다.

물론 우리가 틀릴 수 있다. 그리고 탄소배출권 투자에 대해서 옳고 그름을 이야기하는 게 아니다. 아무리 강조해도 지나치지 않는 "자산운용업은 투자 성과가 아니라 투자 철학을 파는 업이며 자산운용업에서 가장 중요한 것은 신뢰라고 생각한다"는 우리의 말이 말뿐이 아니라 실제라는 것을 독자분들께 이야기하고 싶은 것이다. 당장 팔릴 만한 상품을 만드는 것이 아니라 투자자의 노후에 적합한 상품을 제공하는 것이 TIGER ETF의 투자 철학이다. 일관된 투자철학을 투자자들과 공유하며 쌓은 신뢰관계가, 결국엔 유사한 상품이 우후죽순으로 상장하는 이 어려운 경쟁 상황에서도 TIGER ETF의 강력한 경쟁력이 되리라 믿는다.

E T F

EXCHANGE TRADED FUND

은퇴자 및
예비은퇴자들을
위한
연금 투자
솔루션

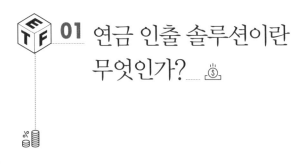

01 연금 인출 솔루션이란 무엇인가?

지금까지 우리는 "어떻게 하면 ETF를 통해서 연금자산을 불릴 것인가" 하는 연금 적립 단계에 적합한 ETF에 대해서 알아보았다. 은퇴 설계는 크게 두 단계로 나눠볼 수 있는데, 바로 지금까지 알아본 저축과 투자로 은퇴 자금을 불려 나가는 '적립 단계'와 쌓인 은퇴 자산으로 생활을 영위해 나가는 '인출 단계'가 그것이다.

젊은 시절 적극적인 투자로 연금 자산을 불려 나가는 것도 중요하지만, 은퇴한 이후에 적립된 은퇴 자산의 가치를 보존하면서 안정적으로 은퇴 자금을 인출하는 것은 더욱 중요하다. 결국 연금 자산 증식이라는 것도 노후에 안정적으로 사용하기 위해서 하는 것이기 때문이다.

연금 인출 단계에서는 **'연금 자산이 고갈되지 않으면서 얼마나 지속 가능하게 인출할 수 있느냐'**가 가장 중요하다고 할 수 있다. 연금 자산을 지키면서 안정적인 현금흐름을 만들어야 하는 것이다. 원금 보전과 안정적인 현금 흐름이라는 두 마리 토끼를 잡아야 하는, 어찌 보면 적립 단계보다 더욱 어렵고 중요한 단계가 바로 인출 단계라고 할 수 있다.

이제 연금 인출 단계에서 활용해볼 수 있는 ETF에 대해서 알아보도록 하자.

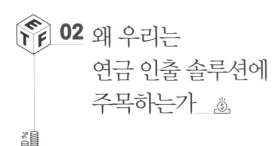

02 왜 우리는
연금 인출 솔루션에
주목하는가

통계청 장래인구추계 자료에 따르면 2023년 말 우리나라의 65세 이상 인구 비중은 전체의 18.2%로 고령사회의 막바지에 있으며, 2025년에는 20.3%로 초고령사회에 진입하게 된다. 그 이후 65세 이상의 노년층의 비중은 급격히 늘어나 2072년에는 전체 인구의 절반에 가까운 47.7%가 노년층이 될 것이라고 전망되고 있다. 귀에 못이 박일 정도로 들어서 알고 있듯이 우리나라는 전 세계에 유례를 찾을 수 없을 만큼 고령화가 급격하게 진행되고 있으며, 우리나라의 전체 인구를 연령순으로 나열할 때 가운데 있게 되는 중위연령 또한 2022년 44.9세에서 2072년에는 63.4세로 높아질 것으로 예상되는 등 고령화에 따른 사회의 급격한 변화가 예상되는 상황이다.

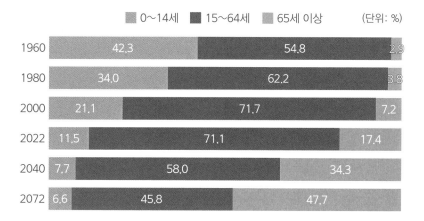

〈주요 연령계층별 인구구성비〉

■ 0~14세 ■ 15~64세 ■ 65세 이상   (단위: %)

연도	0~14세	15~64세	65세 이상
1960	42.3	54.8	2.9
1980	34.0	62.2	3.8
2000	21.1	71.7	7.2
2022	11.5	71.1	17.4
2040	7.7	58.0	34.3
2072	6.6	45.8	47.7

또한 2020년 이후 베이비부머 세대인 1960년대생들이 본격적인 은퇴를 시작해 매년 100만명에 가까운 사람들이 첫 번째 직장에서 최종 은퇴를 해야 하는 상황에 직면해 있다. 한마디로 **은퇴 준비기, 연금 인출기에 접어든 사람이 급증하고 있는 것이다.**

〈은퇴 준비기/연금 인출기에 접어든 퇴직 인구 급증〉

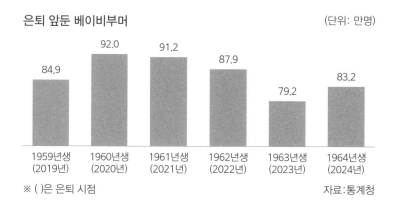

은퇴 앞둔 베이비부머   (단위: 만명)

연도	84.9	92.0	91.2	87.9	79.2	83.2
	1959년생 (2019년)	1960년생 (2020년)	1961년생 (2021년)	1962년생 (2022년)	1963년생 (2023년)	1964년생 (2024년)

※ ( )은 은퇴 시점   자료:통계청

하지만 은퇴 이후의 삶을 바라보는 우리의 상황은 녹록지 않다. OECD 보고서에 따르면 우리나라의 노인 빈곤율은 49.6%로, OECD 평균인 12.4%의 무려 4배에 이르고 있는 실정이다. 국가뿐 아니라 개인 차원에서의 노후 준비가 필요한 이유다.

높은 주택 관련 비용 및 자녀 교육비, 유연하지 못한 노동시장 등으로 우리나라 대다수의 국민이 노후 빈곤의 위험에 처해 있다. 막연히 '어떻게 되겠지'라는 안일한 생각으로 접근해서는 안 되는 심중한 문제이며, 그러한 연유로 TIGER ETF는 2020년 시작하여 2022년까지 주력했던 적립단계에 적합한 장기 우상향 성장형 상품 라인업의 개발을 일단락하고 2022년 하반기 이후 은퇴자와 예비은퇴 투자자들을 위한 인출 단계에 적합한 인컴형, 안정형 상품 개발에 본격적으로 나서게 되었다.

03 연금 인출 솔루션의 중심, 월배당 ETF

TIGER ETF가 제안하는 은퇴자와 예비은퇴 투자자들을 위한 연금 인출 솔루션 상품의 중심에는 다양한 재원을 바탕으로 매달 분배금을 지급하는 '월배당 ETF'가 있다. 이제 2024년 가장 핫한 월배당 ETF에 대해서 알아보자.

월배당 ETF는 펀드 내 정기적으로 발생하는 다양한 수익을 재원으로 매월 분배금을 지급하여 투자자들에게 정기적인 수익을 돌려주는 상품이다. 은퇴 이후에 안정적인 현금 흐름을 만들기에 최적화된 ETF라고 할 수 있다. 월배당 ETF의 분배금의 재원은 주식에서 나오는 배당, 채권에서 발생하는 이자, 옵션을 매도해서 얻는 옵션 프리미엄과 리츠에서 실시하는 배당 등이 있다. **월분배로 받는 분배금 금액이 동일하다고 하더라도 어떤 자산 투자를 통해서 발생한 분배금이냐에 따라 상품의 성격이 크게 달라지기 때문에 투자자는 단순히 분배율만 보지 말고, 본인이 선택한 ETF의 성격과 특징을 제대로 파악**

할 필요가 있다. 분배율만 보고 무턱대고 투자했다가 투자원금이 심각하게 하락하는 일이 발생할 수 있기 때문이다. 상품에 대한 정확한 이해가 필요한 대목이다.

월배당 ETF의 규모는 2023년 8월 말에 상품 수 12개 순자산 6,787억원에서, 23년 12월 15일 기준으로 상품수 38개 순자산 3조 5,259억원으로 폭발적인 성장을 하고 있다.

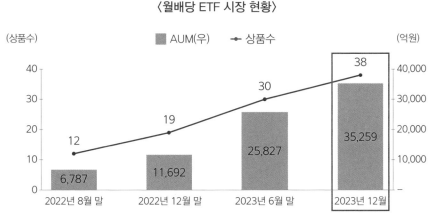

〈월배당 ETF 시장 현황〉

출처: Check Expert, 기준일: 2023.12.15

흥미로운 사실은 은퇴자들의 안정적인 현금흐름을 위해 만든 월분배 ETF가 오히려 2030 젊은 세대에게도 인기라는 점이다. 언뜻 생각하면 투자기간도 길고, 투자자산을 크게 늘리는 것이 중요한 젊은 세대들이 조금 더 공격적인 성장형 포트폴리오를 선호하고, 이제 은퇴가 얼마 남지 않았거나 이미 은퇴한 투자자들의 경우에는 안정적인 상품이나 이런 월분배 ETF와 같은 상품을 선호할 것 같지만, 은퇴를 서둘러 준비하고자 하는 2030 젊은 세대들이 월분배 ETF로 월 100만원 만들기나 월 300만원 만들기와 같은 구체적인 목표를 가지고 서둘러 월분배 상품을 모아가고 있는 점이 흥미롭다.

국내 월분배 ETF 시장은 TIGER ETF가 주도하고 있다. 전체 순자산 기준으로 한 시장점유율은 44%, 그리고 개인투자자들의 순매수 기준으로 하면 46%로 월분배 상품 2주 중 1주는 TIGER ETF로 거래되고 있다.

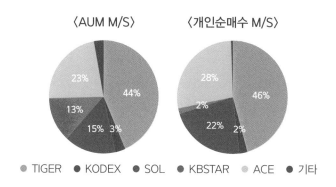

월배당 상품을 기초 자산별로 살펴보면, 먼저 배당주를 기초로 한 상품이 있다. 대표적으로 국내형으로는 TIGER 은행고배당플러스ETF와 해외형으로는 TIGER 미국배당다우존스가 대표적이다. 가장 단순한 형태로 보유한 주식에서 받은 주식 배당금을 월분배 형식으로 주는 ETF다.

기초자산	투자 목표
배당률이 높거나 배당금 증액 종목에 투자	지수 성장과 배당을 동시에 추구 펀더멘털이 훌륭한 배당 성장 기업 투자
분배 재원	**대표 상품**
보유주식 배당금	TIGER 미국배당다우존스 TIGER 미국S&P500배당귀족

둘째로 리츠REITs**에서 나오는 배당금을 재원으로 월분배를 하는 상품이 있다.** 리츠REITs(부동산 투자회사)란 투자자금을 모아 부동산과 관련 증권에 투자하여 임대료 등의 수익을 투자자들에게 돌려주는 회사다. 리츠의 배당금의 재원은 부동산의 임대수익과 시세차익이라고 할 수 있다. 대표 상품으로는 TIGER 리츠부동산인프라(일명 '리부인'), TIGER 미국 MSCI리츠(합성H)가 있다.

기초자산	투자 목표
리츠(부동산 투자회사, REITs) 투자자금을 모아 부동산과 관련 증권에 투자하여 임대료 등의 수익을 투자자들에게 들려주는 회사 (90% 이상 배당 시 법인세 면세)	소액으로도 전문적인 부동산 투자 경기 호황기에는 부동산 공실 감소, 임대수익 증가
분배 재원	**대표 상품**
부동산 임대수익 부동산 시세차익	TIGER 리츠부동산인프라 TIGER 리츠부동산인프라채권TAKIS TIGER 미국MSCI리츠(합성H)

셋째, 채권을 기반으로 한 월분배 ETF가 있다. 채권형 기반의 월분배 ETF는 채권에서 발생하는 이자를 재원으로 월분배금을 지급하게 된다. 대표적인 채권형 월분배 상품으로는 TIGER 미국투자등급회사채액티브(H) ETF가 있다.

기초자산	투자 목표
국내외 국채, 회사채 등	안전자산으로써 상대적으로 안정적인 이자수익 확보 금리 인하 국면에서 자본 차익 가능 회사채의 경우 국채 대비 높은 이자율
분배 재원	대표 상품
보유채권의 이자 지급	TIGER 미국투자등급회사채액티브(H)

마지막으로, 최근에 월분배 ETF 중에서도 가장 주목을 받고 있는 커버드콜을 기반으로 한 ETF가 있다. 커버드콜Covered Call이란 특정 자산을 매수하고 그 자산을 기초자산으로 하는 콜옵션을 매도해서 옵션 매도에 따른 프리미엄을 수취하는 전략이다. 분배금의 재원은 콜옵션을 매도하면서 얻게 되는 옵션 프리미엄이며 대표적인 상품으로는 국내형으로 TIGER200커버드콜 ATM, 해외형으로는 TIGER 미국배당+7%프리미엄다우존스, TIGER 미국나스닥커버드콜(합성) 등이 있다.

기초자산	투자 목표
국내외 국채, 회사채 등	불확실한 미래의 주가 상승을 (일부) 포기 현재의 확실한 현금흐름 확보 지속적인 분배율 추구
분배 재원	**대표 상품**
콜옵션 매도 프리미엄	TIGER 미국배당+7%프리미엄다우존스 TIGER 미국나스닥100커버드콜(합성) TIGER 200커버드콜ATM

04 그 어려운
커버드콜
쉽게 알아보기

(1) 옵션의 기초

현재 월배당 상품의 중요한 한 축을 담당하고 있고 투자자들의 관심이 집중되고 있는 커버드콜Covered Call 전략에 대해서 알아보자. 커버드콜 기반의 월분배 ETF에 투자하고자 하는 투자자라면 먼저 커버드콜의 개념부터 반드시 숙지해야 한다. 단순히 상품의 분배율만 보고 투자했다가 원금 손실이 발생할 수 있기 때문이다.

먼저 옵션의 개념에 대해서 알아보자. 옵션은 특정자산을 특정가격에 사거나 팔 수 있는 '권리'로서 콜옵션은 매수할 수 있는 권리, 풋옵션은 매도할 수 있는 권리를 갖는다.

삼성전자를 8만원에 살 수 있는 권리를 가진 콜옵션을 매수한 투자자는 삼성전자가 8만원이 넘어가면 그 차액만큼 이익이 발생할 것이다. 따라서 해당 콜옵션의 손익 구조를 x축을 삼성전자의 가격, y축을 옵션의 손익이라고 하면 아래와 같은 구조를 갖게 된다.

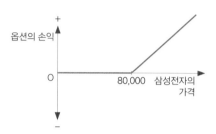

반대로 콜옵션을 매도한 사람의 손익 구조는 어떨까? 삼성전자를 8만원에 살 수 있는 권리인 콜옵션을 매도한 투자자는 삼성전자가 8만원 이상 상승했을 경우 옵션 행사에 따른 손실이 발생하므로 아래와 같은 손익 구조를 갖게 된다.

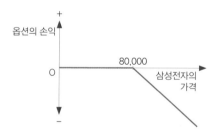

다만, 옵션의 경우 권리이기 때문에 사고 파는데 가격이 발생하며 이를 옵

션의 프리미엄이라고 한다. 콜옵션의 매수자는 콜옵션의 프리미엄을 지불하고 반대로 매도자는 콜옵션의 프리미엄을 받고 특정 자산을 특정 가격에 살 수 있는 권리를 사고 파는 것이다.

따라서 위 예시의 콜옵션 매도자는 삼성전자가 8만원 이상 상승하지 않는다면 옵션의 프리미엄만큼의 수익이 발생할 수 있다.

콜옵션이 매수자의 입장은 마치 돈을 주고 복권을 사는 것에 비유할 수 있다. 복권의 가격은 옵션의 프리미엄이고, 가격이 상승하면 큰 이익을 얻을 수 있기 때문이다.

커버드콜 전략은 콜옵션을 매도하고 기초자산을 매수하는 전략을 말한다. 주식 보유에 따른 손익은 너무나 자명해서 내가 매수한 금액보다 오르면 이익이 발생하고 하락하면 손실이 발생한다.

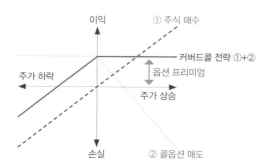

커버드콜 전략 = 주식 매수 + 콜옵션 매도
주식을 매수하고 동시에 ATM 콜옵션을 매도
미래의 불확실한 상승분을 포기하고, 현재의 확실한 수익으로 가져온다.

위 표에서 확인할 수 있듯이 이 두 가지 포지션을 동시에 취하면 지수가 횡보하거나 상승했을 때는 옵션 프리미엄만큼의 수익을 얻고, 하락했을 때는 옵션 프리미엄이 차감된 손실이 발생하는 손익 구조를 가지게 된다.

결국 콜옵션을 매도한 투자자의 경우 주가 상승 시 이론적으로 무한대에 가까운 손실이 가능하지만 동시에 주식을 보유함으로써 주가가 오르더라도 옵션의 손실이 기초자산 가격 상승으로 '커버'되는 것을 알 수 있다.

(2) 커버드콜의 손익구조

커버드콜 전략의 수익구조의 특성을 좀 더 이해하기 위해 기초자산의 가격이 상승 시, 횡보 시, 하락 시로 구분해서 어떤 수익을 얻게 되는지 다시 한번 살펴보도록 하자.

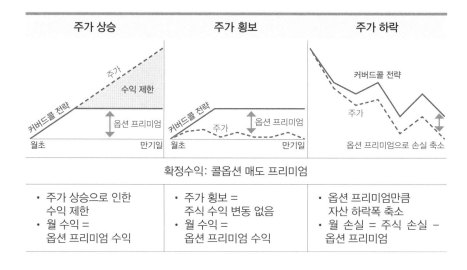

주가 상승	주가 횡보	주가 하락
확정수익: 콜옵션 매도 프리미엄		
• 주가 상승으로 인한 수익 제한 • 월 수익 = 옵션 프리미엄 수익	• 주가 횡보 = 주식 수익 변동 없음 • 월 수익 = 옵션 프리미엄 수익	• 옵션 프리미엄만큼 자산 하락폭 축소 • 월 손실 = 주식 손실 – 옵션 프리미엄

먼저, 주가가 횡보할 때는 매도한 옵션 프리미엄만큼의 수익이 발생하게 되므로 커버드콜 투자자 입장에서 가장 이상적인 구간이 된다. 또한 하락할 때는 기초자산만 보유했을 때와 비교해서 옵션 프리미엄만큼 가격이 덜 빠지게 되므로, 단순히 기초자산만 보유했을 때보다 더 적은 손실을 보게 되므로 나쁘지 않은 투자라고 할 수 있다. 반면에 주가가 상승할 때는 옵션 프리미엄 이상의 수익은 따라가지 못하고 수익이 제한되게 되어 일반적으로 커버드콜의 가장 큰 단점인 주가 상승시 소외되는 현상이 발생하게 된다.

(3) 커버드콜 전략이 그동안 외면받았던 이유

하지만, 커버드콜 투자에 있어서 문제는 기초자산이 급등락을 반복하거나 급락 후 상승하는 과정에서 발생한다. 기초 자산이 하락할 때 옵션 프리미엄만큼 방어되는 효과는 있지만 결국 하락하게 되며, 상승할 때는 상승이 제한되게 되기 때문이다. 결국 시장이 급등락을 반복하면 빠질 때는 같이 빠지고 오를 때는 안 오르는, 투자자들의 분노를 유발케 하는 현상이 발생한다.

이러한 커버드콜의 특성 때문에 안정적인 옵션 프리미엄이 발생함에도 불구하고 일부 투자자들이 커버드콜 상품은 사기라고 주장하기도 하는 것이다.

과거에 수많은 커버드콜 전략의 펀드들이 한때 유행하다가 나중에 엄청난 고객의 불만을 사면서 사라진 이유도 주가가 횡보하거나 오르기만 할 때는 문제가 없지만 크게 하락한 이후에 다시 오를 때 주가 상승에 참여하지 못해서였다.

그렇다면, 과거 투자자들의 큰 원성을 샀던 커버드콜 전략이 월분배 ETF의 형태로 나오면서 큰 각광을 받고 있는 이유는 무엇일까? 투자자들이 과거의 뼈아픈 교훈을 잊어버려서일까? 아니면 ETF만의 독특한 특성 때문일까? 여러 가지 이유가 있겠지만 운용사들의 상품 개발 노력으로 기존 커버드콜의 단점이 보완된 이른바 커버드콜 2.0 전략을 가진 ETF가 출시되고 있기 때문이다. 그러한 커버드콜의 단점을 극복한 이른바 한국형 커버드콜 2.0 개발에 선두에 있는 것이 바로 TIGER ETF다. 지금부터 기존 커버드콜의 단점을 극복하기 위한 여정에 대한 이야기를 시작해보고자 한다.

05 커버드콜 2.0 :
기존 커버드콜의
단점을 극복하기 위한
여정

주가가 횡보할 때는 안정적인 콜옵션 프리미엄 수익을 추가로 얻을 수 있지만, 주가 상승 시 소외되는 커버드콜의 단점은 어떤 식으로 완화할 수 있을까? TIGER ETF가 선도한 한국형 커버드콜 2.0에 대해서 알아보자.

첫째, 매도하는 콜옵션의 기초자산 대비 장기적으로 초과수익을 나타내는 기초자산을 보유하는 전략이다. 기존의 커버드콜의 경우 대개 콜옵션을 매도하면서 반대로 콜옵션의 기초자산과 동일한 자산을 보유하는 전략을 고수해 왔다. 예를 들어 코스피200 지수를 기초자산으로 하는 콜옵션을 매도하면서 콜옵션의 기초자산과 동일한 코스피200 종목을 그대로 보유하는 식이다. 이 경우 주가가 상승할 경우 옵션 매도로 인한 손실로 주가 상승분이 정확히 일치하기 때문에 조금도 주가 상승에 참여할 수 없다. 팀 타이거는 이러한 단점을 극복하기 위해 커버드콜의 보유 주식 포트폴리오를 옵션의 기초자산과

100% 일치시키지 않고 옵션의 기초자산과 높은 상관관계를 보이면서 장기적으로 우수한 성과를 보인 포트폴리오로 교체했다. 예를 들어 S&P500을 기초자산으로 하는 콜옵션을 매도하면서 S&P500 대비 장기적으로 꾸준한 초과수익을 거둔 미국배당다우존스 포트폴리오를 보유하고, 나스닥100 콜옵션을 매도하면서 미국빅테크에 집중투자하는 미국테크TOP10 포트폴리오를 보유하는 식이다. 이러한 노력을 통해서 주가 상승 시에도 초과 수익분만의 자본 이익을 향유할 수 있게 되었다.

둘째, 콜옵션을 100% 매도하기보다 자본 수익과 배당 수익의 최적화를 이룰 수 있는 수준의 합리적인 수준의 콜옵션만을 매도하기다. 기존의 커버드콜 전략의 경우 일반적으로 보유한 주식의 100%에 해당하는 비중의 옵션을 매도했기 때문에 주가 상승 시 참여가 불가능했지만 TIGER 미국배당+7%프리미엄다우존스와 TIGER 미국테크TOP10+10%프리미엄의 경우 목표 연간 프리미엄을 각각 7%와 10%로 제한하여 전체 주식 비중의 30~40% 이내로 제한하여 연간 10% 수준의 월분배율을 만들면서 전체 포트폴리오의 60~70%는 주가 상승에 참여할 수 있는 구조로 만들 수 있었다. 바로 전 세계 최초로 개발된 팀 타이거의 타깃 프리미엄 커버드콜 전략이다.

셋째, 다양한 만기의 옵션을 활용하여 옵션 매도 비중을 줄이기다. 옵션의 경우 만기가 짧을수록 상대적으로 프리미엄이 높은 경향이 있다. 조금 어렵게 이야기하면 만기가 짧은 옵션의 시간가치가 더 크기 때문에 상대적으로 더 높은 수준의 옵션 프리미엄이 부과되어, 예를 들어 만기가 한달 남은 옵션을 1번 매도한 프리미엄보다 만기가 일주일 남은 동일한 자산의 옵션을 매주 매도해서 얻은 옵션 프리미엄이 더 커지게 된다. 만기가 짧은 옵션의 프리미엄이 높은 이유는 옵션 매수자 입장에서 단기적인 이벤트에 베팅하고 싶은 욕구가 있기 때문이다. 기존의 커버드콜 전략의 경우 대개 국내의 경우에는 분기, 미국의 경우에는 매달 한 번씩 옵션을 매도하는 전략을 사용했지만, TIGER는 국내 최초로 1주일에 한 번 만기가 오는 옵션을 매도해서 적은 금액으로 큰 프리미엄을 수취할 수 있는 상품을 출시했다. 그 첫 사례가 바로 2024년 2월 27일 상장한 TIGER 미국30년국채프리미엄액티브 ETF다. 만기가 한달 남은 옵션을 1회 매도하는 게 아니라, 매주 만기가 돌아오는 위클리 옵션Weekly Option을 매주 매도함으로써 콜옵션을 전체 순자산의 30% 수준만 매도하고도 월단위 옵션을 100% 매도해서 상방이 막혀 있는 TLTW보다 높은 수준의 월분배율을 유지하고 나머지 펀드 순자산의 70%는 채권 금리가 하락할 때 자본 수익에 참여할 수 있도록 설계되었다. 펀드매니저가 매주 옵션 트레이딩을 하는 번거로움을 통해 투자자들이 정기적인 인컴 수익과 자본 차익까지 얻을 수 있는 국내 최초의 상품이 탄생한 것이다.

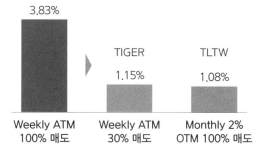

3.83%

TIGER   TLTW

1.15%   1.08%

Weekly ATM   Weekly ATM   Monthly 2%
100% 매도   30% 매도   OTM 100% 매도

※ 위클리 매도 전략은 매월 발생하는 프리미엄 합계 평균
출처: 미래에셋자산운용, 기준일: 2016.01~2023.12

결과적으로 이러한 노력의 결과 기존의 커버드콜의 수익구조가 아닌 일정 수준의 분배율을 유지하면서 주가 상승에도 참여하는 TIGER ETF만의 한국형 커버드콜 2.0 전략을 구사하는 커버드콜 라인업이 탄생하게 되었다.

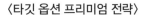

〈타깃 옵션 프리미엄 전략〉

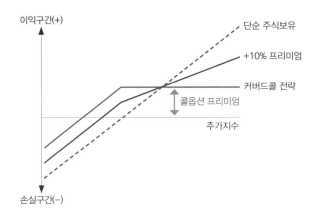

06 팀 타이거 이야기 3 :
혁신을 만들어 내는
창의 공작소,
크리에이티브 랩

앞서 조직의 창의성을 끌어내기 위한 팀 타이거만의 독특한 회의, 브레인 트러스트에 대해 이야기했다. 이제는 그런 조직의 창의성이 상품 개발이라는 궁극의 비즈니스 목표로 발현되는 시간인 팀 타이거의 창의 공작소, 크리에이티브 랩 회의에 대해서 이야기하고자 한다.

ETF 비즈니스는 펀드 운용, 마케팅, 그리고 상품개발이라는 세 개의 축으로 운영된다. 그중에서 가장 중요한 ETF 자산운용사의 철학을 구현하고, 타사와의 차별화를 만드는 역량이 나타나는 영역이 바로 '상품개발'이다. 팀 타이거의 크리에이티브 랩, 창의 공작소는 모든 구성원이 모여서 오롯이 상품개발 한 가지에 대해서만 토론하고 논의하는 공간이다. 매주 전 세계에 상장된 신규 상품들을 점검하고, 각 팀에서 준비한 새로운 상품 아이디어에 대해서 치열하게 토론하는 자리다. 계급장 떼고 오로지 상품 아이디어 하나만으로 치열하게 경쟁한다. 때로는 시니어 매니저가 수개월 절치부심 준비했던 신상품 안이 다른 팀원이나 참가자들에게 치명적인 지적을 당하기도 하고, 막내 매니저가 제안한 상품 아이디어 기획안이 극찬을 받아서 바로 상품 개발에 들어갈 수도 있는 진실의 시간이다.

이러한 치열함이 TIGER ETF의 남다른 '퀄리티'를 만들어 낸다고 생각한다. 오늘도 우리 팀 타이거 매니저들은 투자자들이 노후를 책임질 수 있는 혁신적인 상품을 개발하기 위해 고군분투하고 있다.

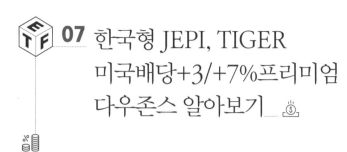

07 한국형 JEPI, TIGER 미국배당+3/+7%프리미엄 다우존스 알아보기

이제 팀 타이거의 혁신을 만들어 내는 창의 공작소 크리에이티브 랩이 만들어 낸 TIGER ETF 커버드콜 2.0의 대표상품인 TIGER 미국배당+3와 +7%프리미엄다우존스, 일명 TIGER 미배삼, 미배칠 ETF에 대해 알아보도록 하겠다.

이 상품은 세계 최초로 콜옵션 매도를 통해 얻게 되는 프리미엄 수익의 연간 목표를 정해서 일정 수준만 매도하는 '타깃 프리미엄 커버드콜 전략'이다. 콜옵션을 100%가 아닌 일정 수준 이하로 매도해서 주가 상승 시 소외되는 문제를 해결하는 한편, 목표 프리미엄 배당률을 정하여 투자자에게 안정적인 월배당을 실시하는 혁신적인 상품이다.

TIGER **미국배당** **+3%프리미엄** **다우존스**
미래에셋 ETF 미국 배당주식 투자 **+7%프리미엄** 기초지수 산출회사
연간+옵션 인컴

먼저, 이름을 통해서 TIGER 미국배당+3와 +7%프리미엄다우존스의 특징을 알아보자. 우선 이 상품은 주식 포트폴리오로 앞서 살펴본 TIGER 미국배당다우존스와 동일한 미국배당성장주 100 종목을 편입하고, 각각 연수익 3%, 7%을 타깃으로 S&P500 콜옵션을 일부 매도하는 상품이다.

콜옵션의 기초자산인 S&P500 지수 대비 장기적으로 우수한 성과를 보여줬던 미국배당다우존스 지수의 포트폴리오를 보유하면서, S&P500을 기초자산으로 하는 콜옵션을 일부만 매도하여 주가 상승 시에도 일정 부분 참여할 수 있도록 만든 상품이다.

〈미국배당다우존스 지수 편입 조건〉

배당 내역	펀더멘털
연속성 최소 10년 연속 배당금 지급	재무건전성 현금흐름 부채비율
성장성 과거 5년 배당성장률	기업 성장성 자기자본이익률(ROE)
수익성 배당수익률	

〈미국배당다우존스 지수 배당수익률〉

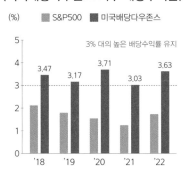

앞서 살펴본 바와 같이, 미국배당다우존스 지수는 배당의 연속성과 수익성 외에 재무건전성과 기업 성장성과 같은 펀더멘털을 고려하여 산출하는 지수로 S&P500 지수 대비 높은 3% 중반 이상의 시가 배당률을 보여왔으며, 장기적으로 S&P500 지수 대비 초과 수익을 보여주었다.

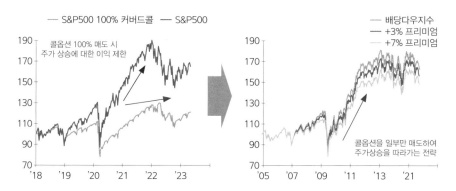

〈옵션을 일부만 매도: 제한된 커버드콜의 상방을 열게 되는 효과〉

그림에서 보는 바와 같이 기존의 커버드콜 상품의 경우 순자산의 100% 의 콜옵션을 매도하여 주가가 상승할 때 주가 상승에서 현저하게 소외되는 모습을 보이나 이 상품의 경우 전체순자산의 일부 비중만 콜옵션을 매도하여 주가 상승 시에도 일정부분 주가 상승에 참여하는 모습을 나타낸다.

그래프에서 보는 것처럼 옵션 매도를 많이 할수록 프리미엄 수익은 높아지지만 주가 상승에는 소외되고, 반면에 옵션 매도를 적게 하면 프리미엄 수익은 낮아지지만 주가 상승에 참여하는 비중이 늘어나게 된다. +3% 상품의 경우 분배금 수준은 낮지만 주가 상승 시 +7% 상품 대비 더 높은 자본 차익을 거둘 수 있는 것을 알 수 있다.

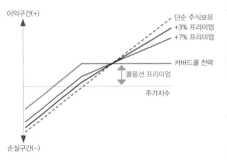

〈타깃 옵션 프리미엄 전략〉

이익구간(+)

단순 주식보유
+3% 프리미엄
+7% 프리미엄

커버드콜 전략

콜옵션 프리미엄

주가지수

손실구간(-)

1. 매월 ATM 콜옵션 프리미엄 산출

- 매월 옵션만기 전일 기준 S&P500 ATM 콜옵션
- S&P500 ATM 콜옵션 프리미엄 평균 1.5~3% 형성

2. 타깃 옵션 프리미엄 각 3%, 7%를 얻기 위한 옵션 매도비중 산정

- 각 0.25%, 0.58%의 프리미엄을 얻을 수 있는 옵션 비중
  예) 프리미엄 2% 가정 시 주식자산의 각 12.5%, 29% 비중으로 콜옵션 매도

3. 신규옵션을 매도하여 매월 각 0.25%, 0.58% 수준의 프리미엄 수취

※ 옵션 만기보유 시 수익구조이며, 수식(고배당수)가 옵션의 기초지수(S&P500)가 다르기 때문에 수익구조에 다소 차이가 있을 수 있다.

결국 자본 차익과 안정적인 배당 수익 간의 적절한 균형점을 찾는 것이 관건이라고 할 수 있다.

투자자는 상품의 특성을 잘 이해하고 본인의 필요와 상황에 맞는 자본 차익과 분배금 수준을 적절히 선택해야 하겠다.

해당 상품의 상장으로 기존에 월배당으로 상장된 TIGER 미국배당다우존스와 함께 각기 상이한 수준의 월분배율과 주가 참여율로 투자자는 각자 성향에 맞는 월분배 상품을 선택할 수 있게 되었다.

TIGER 미국배당다우존스 (한국판 SCHD)	TIGER 미국배당 +3%프리미엄 (SCHD+3%)	TIGER 미국배당 +7%프리미엄 (한국형 JEPI)
• 장기 우상향하는 배당 성장주에 투자 • 약세장에서도 높은 수익률 방어력 • 사회 초년생의 적립식 투자에 유리 • 연금투자로 과세이연 효과 배당	• SCHD의 고배당 버전 • 옵션전략으로 안정성을 높이고 배당수익률 제고 • 시세차익과 인컴 동시에 추구	• SCHD+JEPI의 검증된 전략을 한번에 • 옵션전략으로 연 +7% 배당 추가 • 안정적인 지수 추종 패시브 운용 • 연금투자로 월배당 절세 효과 높음
배당 성장성 안정성	배당 성장성 안정성	배당 성장성 안정성

08 국내 최초 월 2회 배당 솔루션, TIGER 미국테크TOP10+10% 프리미엄 ETF

미국 배당주를 바탕으로 만든 커버드콜 2.0 상품이 TIGER 미국배당+3%와 +7%프리미엄다우존스라면 미국 성장주를 기반으로 만든 TIGER ETF만의 커버드콜 2.0 상품이 바로 TIGER 미국테크TOP10+10%프리미엄 ETF이다.

이 상품은 월말이 아닌 매달 15일을 분배금 기준일로 설정해서 TIGER 미국배당+3와 +7%프리미엄다우존스 등 기존 상품과 함께 투자할 경우 월 2회 분배금을 받을 수 있도록 설계된 최초의 상품이기도 하다.

이 상품 또한 매도하게 될 콜옵션의 기초자산인 나스닥100 대비 장기적으로 우수한 성과를 보인 미국 빅테크 10종목을 보유하고 나스닥100 콜옵션을 연간 10% 프리미엄을 수취할 수 있도록 전체 순자산의 일정 비율만 매도하여 주가 상승 시에 소외되지 않고 일정 부분 참여할 수 있도록 설계된 TIGER만의 커버드콜 2.0 상품이다.

주식 포트폴리오를 좀 더 자세히 살펴보면 애플, 마이크로소프트, 구글 알파벳, 아마존, 엔비디아, 메타, 테슬라 외에 브로드컴, 어도비, 컴캐스트를 담고 있다. 이른바 대표적인 미국 빅테크 10종목으로 구성된 포트폴리오이다.

〈지수 구성 종목〉

순위	종목명	비중(%)	섹터
1	Apple Inc.	20.5	IT
2	Microsoft Corp.	19.4	IT
3	Alphabet Inc.	13.7	Communication Services
4	Amazon.com Inc.	12.9	Consumer Discretionary
5	NVIDIA Corp.	11	T
6	Meta Platforms Inc.	7.1	Communication Services
7	Tesla Inc.	6.7	Consumer Discretionary
8	Broadcom Inc.	4.3	T
9	Adobe Inc.	2.5	T
10	Comcast Corp.	1.7	Communication Services

출처: Bloomberg, 기준일: 2023.12.15, 구성종목 및 비중은 변경될 수 있다.

〈편입 종목 섹터 비중〉

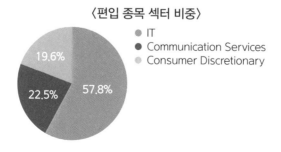

- IT
- Communication Services
- Consumer Discretionary

19.6%
22.5%
57.8%

2024년 2월 기준 연간 10%의 옵션 프리미엄을 수취하기 위해서는 전체 순자산의 30~40% 수준의 콜옵션의 매도가 필요하며 이에 따라 주가가 상승할 때 전체 포트폴리오의 60% 이상 주가 상승에 참여할 수 있다.

2015년 이후 수익률을 살펴보면 미국 빅테크주가 장기간 나스닥100 지수 대비 큰 초과수익을 거둔 영향으로 커버드콜 상품임에도 불구하고 분배금과 주식 수익률을 모두 합한 총수익 기준으로 나스닥100 지수 대비 더 높은 수익을 거두고 있는 것을 알 수 있다.

〈TIGER 미국테크TOP10+10% 지수성과 비교〉

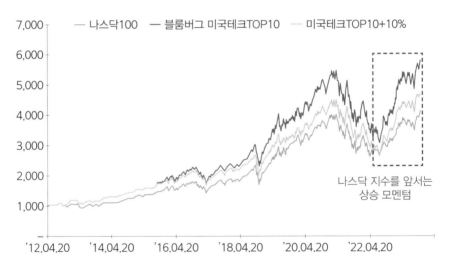

※ 분배금 재투자 기준
출처: Bloomberg, 2015.04.16~2023.12.15

TIGER 미국테크TOP10+10%프리미엄 ETF는 TIGER 미국배당+3% 및 +7%프리미엄다우존스 ETF와 같이 투자할 경우 배당주와 성장주에 동시에 투자하는 균형 있는 포트폴리오를 유지하면서, 연간 10% 이상의 분배금을 받는 전략도 만들 수 있다.

〈성장주 & 배당주 밸런스 인컴 포트폴리오 완성〉

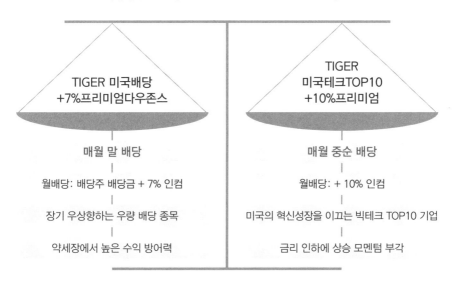

특히 앞서 설명했듯이 TIGER 미국테크TOP10+10%의 경우 국내 최초로 월 분배 지급일을 월말이 아닌 중간 15일로 정해서 기존 월분배 상품과 결합하면 분배금을 월에 2회 받을 수 있는 솔루션도 가능하다. 15일 전 2영업일까지 매수하게 되면 분배금을 받을 수 있으니 참고하자.

09 커버드콜 상품의 최종 종결자, TIGER 미국S&P500+10% 프리미엄초단기옵션

지금까지 커버드콜 전략에 대한 기본적인 설명과 기존의 커버드콜 전략에서 발전된 커버드콜 2.0 전략을 추구하는 TIGER 미국배당다우존스+7%프리미엄과 TIGER 미국테크TOP10+10%프리미엄에 대해서 알아보았다. 이제 팀타이거 매니저들의 고민과 노력의 최종 결과물이라 할 수 있는 커버드콜 상품의 최종 종결자, TIGER 미국S&P500+10%프리미엄초단기옵션에 대해서 이야기하고자 한다.

커버드콜 전략과 관련한 그동안의 여정은 다음과 같이 정리할 수 있을 것 같다.

전략	상품명	주식포트폴리오	콜옵션만기	옵션비중	운용방식
커버드콜 1.0	TIGER미국나스닥커버드콜	나스닥100	월간옵션	100%	합성 (간접운용)

커버드콜 2.0	TIGER미국배당다우존스 +7%프리미엄	미국배당다우존스	월간옵션	40% 내외	직접운용
	TIGER미국테크TOP10 +10%프리미엄	미국테크TOP10	월간옵션	40% 내외	직접운용
	TIGER 미국30년 국채프리미엄	미국30년국채	주간옵션	40% 내외	직접운용

나스닥 월간 콜옵션을 100% 매도하는 지수를 합성을 통한 간접운용으로 첫발을 내디딘 팀 타이거는 세계 최초로 S&P 다우존스사와 손잡고 월간 옵션을 30~40% 내외만 매도하여 7%의 추가 옵션 프리미엄을 얻으면서 주가 상승에도 60~70% 따라가는 커버드콜 2.0을 직접 운용하였다. 그 이후 기초자산을 미국테크주로 확대하면서 월 중간 분배를 도입하고, TIGER 미국30년국채프리미엄에서는 주간옵션일 일부 매도하는 연간 12% 내외의 옵션 프리미엄을 추구하면서 장기 금리 하락에 따른 자본 차익도 추구하는 상품을 최초로 선보였다.

TIGER 미국S&P500+10%프리미엄초단기옵션은 만기가 하루 남은 1day 옵션을 10% 이내로 매일 매도하여 연간 10% 수준의 옵션 프리미엄을 추구하는 가운데, S&P500의 수익률을 90% 이상 따라가는, 그야말로 커버드콜 전략의 최종 종결자라고 할 수 있는 상품이다. 이 상품 또한 국내 최초로 연간 최소 1%에서 많게는 4%에 육박하는 합성 거래상대방 비용을 절약하기 위해 직접 운용하는 방식을 채택하였다. 그동안 수많은 노하우가 쌓인 결과이자 국내 운용사 중 유일한 운용 역량이라고 할 수 있다.

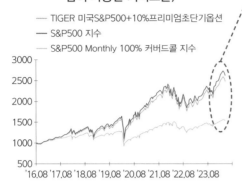

〈TR 성과: S&P500의 장기 성장에
참여 가능한 커버드콜〉

— TIGER 미국S&P500+10%프리미엄초단기옵션
— S&P500 지수
— S&P500 Monthly 100% 커버드콜 지수

기준일: 2022.06.01~2023.12.29. TR 성과 기준
출처: Bloomberg
※ 시뮬레이션 성과이며 실제와 다를 수 있다. 세금과
　보수 차감 전 성과이며, 과거 수익률이 미래 성과
　를 보장하지 않는다.

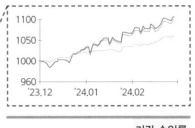

〈2024년 1~3 상승장 수익률 비교〉

	기간 수익률
TIGER 미국S&P500 +10%프리미엄초단기옵션	9.8%
S&P500 지수	10.6%
S&P500 Monthly 100% 커버드콜 지수 (BXM Index)	6.0%

기준일: 2023.12.30~2024.03.29.

　이 상품의 가장 큰 장점은 커버드콜 전략이 미래의 불확실한 수익을 포기하고 현재의 확실한 현금을 확보하는 대가로, 장기로 갈수록 원지수 대비 총수익 측면에서 크게 열위한 모습을 보인다는 단점을 극복한 커버드콜 ETF라는 점이다. 앞의 그래프에서 보는 것처럼 2016년 이후 총수익 측면에서 S&P500 총수익 지수와 유사한 수익률을 보이는 것을 알 수 있다. 파란색 커버드콜 1.0 전략이라고 할 수 있는 100% 월간 콜옵션 매도 전략의 총수익률이 S&P500 대비 장기로 갈수록 현저하게 떨어지는 모습과 대조적인 모습이라고 할 수 있다. 이 정도면 그동안 커버드콜 전략에 회의적이던 투자자들조차도 고려해볼 만한 상품이 아닐까 생각한다.

그렇다면 연간 목표 프리미엄인 10%은 어떤 의미일까? 바로 S&P500의 장기 평균 수익률을 감안한 투자 원금을 지킬 수 있는 가장 균형 잡힌 분배 수준이라고 할 수 있다. 1970년 이후 S&P500 지수는 연평균 10.74% 상승하였으며, 아래 그래프에서 보는 바와 같이 과거 시뮬레이션을 통해 10%를 초과하는 분배, 즉 15%나 20% 수준의 연분배를 실시할 경우 결국 투자원금이 훼손되는 것을 알 수 있다.

〈10년간 적정 분배 vs 과도한 분배율에 따른 원금 추이(A)〉

— S&P500 PR — 10%를 분배하면 — 15%를 분배하면 — 20%를 분배하면

※ 1DTE전략의 높은 TR성과를 감안하여 S&P500 TR지수에 대해 월말 분배를 차감한 단순시뮬레이션, 분배금 제외 계산

그렇다면, TIGER 미국S&P500+10%프리미엄초단기옵션 ETF는 어떤 투자자에게 적합할까? 바로 은퇴 이후에도 S&P500에 투자를 지속하면서도

S&P500의 현재 2%가 조금 안 되는 배당금에 더하여 10% 수준의 옵션 프리미엄으로 안정적인 인출이 필요한 은퇴자에게 최적인 상품이라고 할 수 있을 것 같다. 그동안 S&P500을 적립식으로 매수하면서 은퇴 자금을 마련한 투자자가 은퇴하게 될 경우 해당 상품으로 교체한다면 S&P500에 대한 투자는 유지하면서 연 1% 수준의 자동 인출 시스템을 구비하게 되는 것이다.

자, 이제 커버드콜 월분배 라인업이 완성되었다. 다음 표를 보면서 본인에게 적합한 커버드콜 전략은 무엇인지 한번 찾아보자.

〈10년간 적정 분배 vs 과도한 분배율에 따른 원금 추이(A)〉
적절한 인컴 수준으로 배당수익과 자본차익의 밸런스를 갖춘 TIGER ETF로 장기 투자

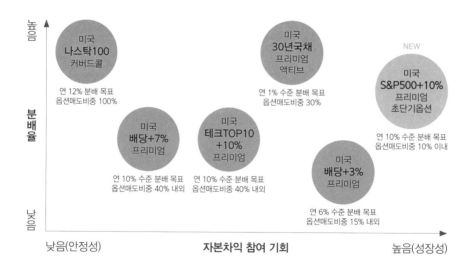

10 국내 배당 투자의 끝판왕, TIGER 은행고배당플러스 TOP10 ETF

다음은 팀 타이거만의 아이디어로 만들어 낸 '국내 주식 월배당 ETF의 끝판왕'이라고 할 수 있는 TIGER 은행고배당플러스TOP10에 대해서 이야기해 보겠다. 국내 은행주는 수익이 안정적이고 높은 배당을 지급하는 대표적인 배당주다. 2022년 국내 주식시장의 종목별 배당수익률을 살펴보면 배당수익률 상위 10개 상장사 중 절반이 은행주임을 알 수 있다.

〈2022년 배당수익률 TOP10 기업 중 절반이 은행〉

순위	기업명	업종	시가 배당수익률(%)
1	락앤락	소재	31.2
2	일성신약	제약 및 바이오	23.7

3	JB금융지주	은행	10.6
4	기업은행	은행	9.8
5	우리금융지주	은행	9.8
6	한양증권	증권	9.7
7	BNK금융지주	은행	9.6
8	대신증권	증권	9.3
9	DGB금융지주	은행	9.3
10	LX인터내셔널	자본재	8.9

※ 2022년 배당수익률: 2022년 주당 배당금(현금) / 2022년 말 종가
출처: FnGuide, 코스피 상장종목 2022년 현금 배당수익률 기준(리츠, 투자회사 제외)

이러한 은행주의 전반적인 특성 탓에 그동안 많은 사람이 은행주 섹터 ETF를 안정적인 배당을 받을 목적으로 투자하고 있었는데, 배당주 투자의 대안으로서 은행주 섹터에 한 가지 문제가 발생했다. 바로 카카오뱅크의 은행주 섹터 편입이었다.

카카오뱅크가 상장하면서 은행주 섹터 ETF에 10% 넘는 높은 비중으로 편입되게 되었는데, 문제는 카카오는 기존의 은행주들과 달리 성장주의 성격으로 배당수익률이 0.5%에도 되지 않는다는 점이었다. 기존에 은행주 섹터 ETF를 배당주 투자로 하고 있던 투자자들에게 전체 포트폴리오의 배당수익률을 현격히 낮추고 포트폴리오의 변동성을 높이는 결정적인 문제가 생긴 것이었다.

이러한 은행주 섹터의 문제를 해결하고, 배당 목적으로 투자하는 투자자들

의 니즈에 더욱 부합하기 위해 은행주 내에서 코스피 지수 배당 수익률(2%대)보다 낮은 은행주들은 제외하고 대신 배당수익률이 높으면서 은행주와 같이 안정적인 수익구조를 가진 보험주를 편입하여 만든 것이 바로 TIGER 은행고배당플러스TOP10 ETF다.

〈KRX 은행지수: 배당수익률 & 기업 규모 비교〉 〈은행주 유니버스에서 고배당 기업만을 선별〉

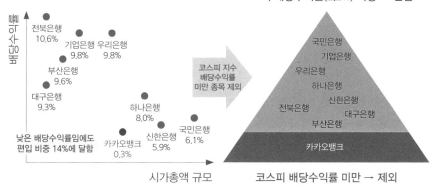

출처: 예탁결제원, 2022년 말 현금 배당수익률과 시가총액

출처: 예탁결제원, 한국거래소, 2022년 배당수익률 기준

코스피보다 배당수익률이 낮은 종목을 제외하는 룰을 적용하여 카카오뱅크가 빠지고 대신 높은 배당을 지급하는 보험주인 삼성화재, 삼성생명 2종목이 편입되어 다음과 같은 포트폴리오가 완성되었다.

〈고배당 섹터인 보험 업종에서 2종목 포함〉

업종	종목명	종목구성비중 (%)	예상배당수익률 (%)
은행 (8)	KB금융	16.0	6.2
	기업은행	15.5	9.0
	우리금융지주	15.1	9.0
	하나금융지주	14.2	8.3
	신한지주	14.1	6.1
	BNK금융지주	5.9	9.3
	JB금융지주	5.4	8.6
	DGB금융지주	3.6	9.2
보험 (2)	삼성화재	5.3	6.0
	삼성생명	4.9	5.1

2023년 예상배당수익률

은행	6.1%
방송통신	5.2%
보험	4.3%
증권	3.9%
운송	3.0%

출처: 한국거래소 KRX 섹터 지수, 기준일: 2023.08.31

출처: FnGuide, 기준일: 2023.09.27

그 결과 TIGER 은행고배당플러스TOP10 ETF는 국내 주식형 ETF 중에서 가장 높은 배당 수익률을 보유한 ETF로 탄생되었다.

〈주요 고배당 지수 '23년 예상 배당수익률 비교〉

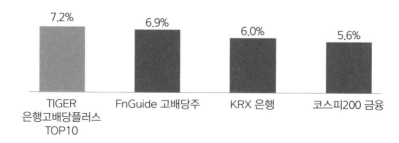

TIGER 은행고배당플러스 TOP10	FnGuide 고배당주	KRX 은행	코스피200 금융
7.2%	6.9%	6.0%	5.6%

국내 최고 수준의 배당률에 더해 한 가지 더 주목할 만한 특징은 바로 TIGER 은행고배당TOP10 ETF만의 독특한 분배금 지급 방식이다.

기존의 국내 주식형 ETF는 보유한 주식에서 발생하는 배당금을 보유했다가 1, 4, 7, 11월 말 기준으로 그대로 지급하는 것이 일반적인데, TIGER 은행고배당TOP10 ETF는 지급 일정이 불규칙하고 금액도 들쭉날쭉인 주식 배당으로 받은 현금을 펀드에서 펀드매니저가 직접 채권, 채권 및 금리 ETF, 예금 등으로 효율적으로 운용해서 유사한 수준의 월분배로 지급하여 배당금 수령 금액의 예측 가능성을 높여 노후에 안정적인 생활자금으로 활용할 수 있도록 설계하였다.

특히나 최근 정부의 배당 선진화 정책으로 은행주들이 서로 다른 복수의 기간에 배당금을 지급할 것으로 예상됨에 따라 투자금의 시기나 금액에 있어 투자자들이 혼란스러워하고 있는데 개별 주식이 아닌 TIGER 은행고배당TOP10 ETF로 투자할 경우 매달 유사한 금액의 분배금을 수령할 수 있다.

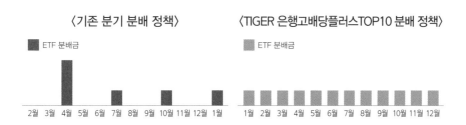

추가로 은행주는 정부의 저PBR 종목을 대상으로 한 밸류업 프로그램에 수혜를 볼 것으로 기대되어, 안정적인 배당 수익 외에도 그동안 저평가되었던 주가 또한 한 단계 레벨업할 가능성이 있다는 점도 참고할 만하다.

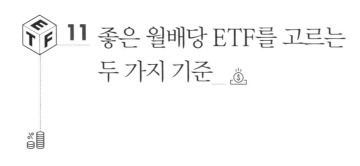

11 좋은 월배당 ETF를 고르는 두 가지 기준

2022년에 국내에 도입된 월분배 ETF가 5월 10일 기준 상품수 59개 순자산 8조원 수준으로 성장하였다. 월분배 ETF 시장에서 시장 점유율 50% 가량을 차지하고 있는 TIGER ETF마저도 월분배 ETF 시장이 이렇게 빨리 성장하리라고는 예상하지 못했다. 다양한 월분배 상품들, 특히 S&P 다우존스사와 전 세계 최초로 공동 개발한 커버드콜 2.0 전략인 '타깃 프리미엄 전략'이 투자자들의 폭발적인 인기를 끌면서 매주 운용사들이 커버드콜을 기반으로 한 월분배형 상품을 쏟아 내고 있다. 시장에 너무나 많은 월분배 ETF가 나오고 앞으로도 수많은 상품들이 쏟아질 것으로 예상되는 만큼 투자자들에게 월분배 ETF를 선택할 때 도움이 될 만한 기준 두 가지에 대해 이야기하고자 한다.

첫째, 장기적으로 원금 보전이 가능한 상품인가 점검해야 한다. 세계 최초의 커버드콜 2.0을 출시하면서 **'자본 차익과 분배금의 균형'**의 중요성에 대해 이야기했다. 분배금은 공짜 점심이 아니기에 커버드콜 전략의 경우 불확실한 미래의 자본 차익을 포기하고, 현재의 확실한 현금 흐름으로 바꾸는 대가를 치러야 한다. 분배금이 높을수록 총 수익률이 낮아지는 이유다. 특히 월분배 상품이 상장 당시 가격보다 낮은 가격에서 원금 분배를 실시하고 있지는 않은 지 충분히 검증해야 한다. 높은 분배율만 보고 덜컥 투자했다가 원금 손실이 발생할 수 있기 때문이다.

둘째, 펀드의 운용 방식에 대해 점검해야 한다. 앞서 이야기한 바와 같이 ETF 운용 방식에는 직접운용방식과 증권사와의 스왑 계약으로 운용되는 합성형이 있다. 특히 운용 방식이 복잡하고 품이 많이 드는 커버드콜의 경우 합성 방식으로 운용될 경우 최소 1%에서 3% 넘는 스왑 비용을 펀드에서 추가로 부담해야 할 가능성이 있다. ETF 보수 경쟁으로 0.01% 단위로 펀드 보수를 경쟁하고 있지만, 1%가 넘는 스왑 비용의 경우 일반 투자자들이 쉽게 확인할 수 없다는 이유로 무시되는 경우가 많다. 특히나 월분배 상품의 경우 연금 인출 솔루션으로 장기로 운용해야 하는 만큼 펀드 운용방식을 잘 따져서 되도록 직접 운용되는 상품으로 투자하길 권한다.

12 ETF와 나의 이야기 2 :
'너 하나 나간다고
바뀔 것 같아?'
나의 미래에셋 이직 스토리

지금까지 은퇴자 및 예비은퇴자들을 위한 연금 인출 솔루션에 적합한 월분배 상품에 대해서 알아보았다. 이제 잠시 머리를 식힐 겸 나의 미래에셋 이직에 관한 이야기를 해보려고 한다.

앞서 2003년 삼성자산운용(당시 '삼성투신운용')에 신입사원으로 입사하여 신탁회계팀과 채권운용본부를 거쳐 2007년 11월부터 ETF 운용업무를 시작했다는 이야기를 했었다. 우리나라가 아직 ETF 불모지였던 2007년도에 ETF 업계에 입문하여 처음에 '이 길이 내 길이 맞는가' 고민하던 시기도 잠시 있었지만 초반의 고민의 시간을 지나 한눈 팔지 않고 정말 '어떻게 하면 일을 더 잘 할 수 있을까'만을 고민하며 지나온 시간이었다. 덕분에 발탁 승진에 최연소 팀장 승진 등 나름 보람과 성과도 있었다.

하지만 2019년 초 느닷없이 직장생활에 대한 고민이 찾아왔다.

2018년은 삼성자산운용 ETF운용본부가 그야말로 역대급의 실적을 낸 한 해였다. 운용자산이 수조원대로 늘었고, 펀드 순자산 증가로 본부의 수익도 100억이 넘게 증가했다. 코스닥 시장의 활황으로 코스닥150 지수를 기반으로 한 상품들이 큰 인기를 끌었고 특히나 외국인 자금도 국내 ETF 시장에 밀물 듯이 들어왔다. 이러한 외국인 투자자들의 유입에는 2017년부터 홍콩 및 싱가포르 등 아시아에 있는 제이피모건, 골드먼삭스 등 글로벌 투자은행을 직접 방문하여 ETF를 세일즈한 것이 큰 역할을 했다.

2017년도에 일부 글로벌 투자은행들이 했던 ETF 투자 성과가 입소문을 타면서 2018년에 그 규모가 수조원대로 성장한 것이었다. ETF 운용역이자 글로벌 마케팅의 책임자로서 2018년 11월과 12월에는 거의 홍콩에 살다시피 하면서 수차례 글로벌 투자은행 담당자들에게 ETF를 설명하고 투자 설득하는 밀착 마케팅을 한 것이 톡톡히 역할을 했다. 하지만 그에 대한 보상으로서 2019년 초 ETF 운용팀에 돌아온 결과는 너무나 초라했다. 안정적인 대기업에 다니는 회사원의 한계였다. 볼멘소리를 해보았지만 돌아온 것은 "네가 임원 빼고 직원 중에서는 가장 좋은 대우를 받고 있다"는 말뿐이었다. 답답했다. 하지만 더욱 큰 문제는 앞으로 수조원이 아니라 수십조원의 자금을 세일즈해와도 별반 달라질 것 같지 않았다는 것이었다.

고민하던 중에 문득 재미있는 사실을 하나 깨달았는데, 2002년 삼성자산운용이 ETF 사업을 시작한 이래 삼성자산운용의 ETF 조직에서 아직 외부로 스카웃되어서 나간 사람이 한 명도 없었다는 사실이었다. 그동안 개인 사정 때문에 회사를 떠난 사람은 있었지만 성공적으로 동종 업계로 이직한 사례가 전혀 없었다. 물론 이유는 그 당시 삼성자산운용의 KODEX가 순자산 기준으로는 점유율이 50%를 훌쩍 넘고, 거래량 기준으로는 90%가 넘을 정도로 국내 ETF 시장에서 독점적인 지위에 있었기 때문이었다. 아무튼 회사 입장에서는 직원들에게 군이 파격적인 혜택을 해줄 이유가 없었던 것이다.

고민이 시작되었다. 오랫동안 알고 지내던 후배들이나 선배들조차 나에게 "무슨 일이 있냐?"며 물어볼 정도였다. 그리고 고민 끝에 이제는 더 늦기 전에 뭐가 되었든 도전을 해야 할 시기라고 생각하게 되었다.

이직하는 것을 결심하고 어디든 새롭게 시작할 마음으로 알아보던 중 당시 미래에셋 ETF운용본부장님을 만나 이야기를 하게 되었다. 물론 격차는 벌어져 있지만 전통적인 최대 경쟁사로 이직한다는 것이 마음이 편한 결정은 아니었다.

그리고 동종업계로 간다면 미래에셋이 가장 합리적인 선택이라 생각하고 처우 등에 대해 이야기를 하게 되었다. 처음 직장을 옮기는 것이고 지난 17년간 쌓아둔 것을 모두 내려놓고 나오는 것이기에 나름대로는 그에 대한 보상을 받고 싶었지만, 지금의 처우보다 가서 얼마나 잘하느냐가 중요하다는 생각으로 별다른 협상 없이 회사에서 제시한 안을 받아들이고 조건이 협의되었다.

그리고 미래에셋 근무 계약서에 서명을 하기로 한 바로 전날, ETF운용팀에서 가장 아끼던 팀의 시니어 매니저 두 명을 불렀다. 함께 저녁을 하면서 그동안 나의 마음과 진행상황을 이야기했다.

"오늘 너희가 나를 설득하면 나는 내일 싸인하러 가지 않을 거야."

그들도 이 상황을 이해했다. 하지만 왜 하필이면 미래에셋이냐는 이야기도 나왔다. 하지만 나는 진심으로 '내가 그대로 있는다면 회사도 바뀌지 않을 것'이고 누군가는 도전을 하고 상황을 바꾸어야 한다고 후배들을 설득했다. 이렇게 밤새 술잔을 기울이고 이야기를 나누었지만, 후배들은 끝내 나를 설득하지는 못했다.

그리고 계약서에 서명을 하고 난 다음날 회사에 정식으로 퇴사 통보를 했다. 물론 최종 퇴사하기까지 순탄치는 않았다. 하지만 결국에는 함께 일하던 ETF운용팀 모두 내 진심을 어느 정도는 이해해줬고 너무나 성대한 환송을 받았다. 환송회 자리에 그동안 같이 동거동락했던 타부서 선후배들 포함해서 심지어 퇴사한 선후배들까지 모여서 "이왕 이렇게 된 거 나가서 잘해보라"고 격려해줬다.

그리고 드디어 삼성자산운용에서의 마지막 날, 양복을 차려 입고 대표이사님께 인사를 갔다. 평소 인자하고 직원들과 허심탄회한 소통을 잘하시기로 유명한 분이라 꼭 인사를 드리고 싶었다. 비서분에게 의사를 전달하고 ETF 담당임원과 대표이사실에 들어가자 대표이사님께서 나를 보시더니 한 마디 하셨다.

"어차피 나갈 거 왜 왔어? 너 하나 나간다고 바뀔 것 같아?"

평소 인자한 모습에 미루어 당연히 "그래도 이왕 이렇게 된 거 잘해보라"고 말씀해주실 줄 알았는데 너무 당황스럽고 민망한 순간이었다. 당황해서 죄송하다는 취지의 얘기를 하고 황급히 대표이사실을 나왔고, 내 짐을 챙겨서 회사 1층 게이트 앞에서 울먹이는 후배가 건네주는 짐을 받아서 집으로 돌아왔다.

2주 만에 그만둘 수 있었던 회사를 17년간 다니고, 미래에셋에서의 생활이 새롭게 시작되었다.

"너 하나 나간다고 바뀔 것 같아?"

미래에셋에서 일하면서 힘들 때면 항상 이 말이 머릿속에 맴돌았다. 사람 하나 나간다고 아무것도 바뀌지 않는다는 것을 증명하는 산증인이 되고 싶지도 않았거니와, 그렇게 되면 남아 있는 후배들에게 내가 이직을 안 한 것보다도 못한 영향을 미칠 것이기 때문이었다.

DC, IRP 계좌에서 안전자산 ETF 투자하기

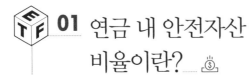

01 연금 내 안전자산 비율이란?

일반 주식계좌와 연금저축계좌에는 존재하지 않지만 은퇴 재무설계의 최후의 보루라 할 수 있는 퇴직금을 담아두어야 하는 DC형 퇴직연금 계좌와 퇴직 후에 퇴직금을 보관하는 IRP계좌의 경우 만일의 사태에 대비하기 위해 최소한의 안전자산 보유 비율을 가지고 있다.

전체 순자산의 최소 30% 이상은 채권형, 채권혼합형 등의 안전자산에 투자해야 하는 것이다.

ETF 중에서 안전자산에 해당하는 ETF는 안전자산인 채권을 최소 50% 이상 담은 ETF로서 국내외 채권에 투자하는 채권형 ETF, 채권을 50% 이상 담고 기타 자산을 편입한 채권혼합형 ETF와 채권을 편입해서 운용하는 금리형 ETF가 있다.

연금 내 안전자산을 가장 안전하게 운용하는 방법은 원금 손실 없이 하루만 맡겨도 이자를 받을 수 있는 TIGER CD1년금리액티브 ETF와 같이 안전한 상품에 투자하는 '수비형 전략'과 TIGER 미국테크TOP10채권혼합과 같이 주식을 최대 50%까지 담을 수 있는 주식채권혼합형 ETF에 투자하는 '공격형 전략'으로 나눌 수 있다.

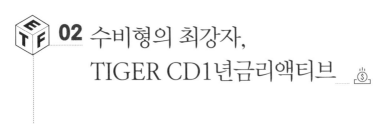

02 수비형의 최강자, TIGER CD1년금리액티브

먼저 안전자산 투자 상품 중 수비형의 최강자라고 할 수 있는 TIGER CD1 년금리액티브 ETF를 소개해보고자 한다. 이 상품은 하루만 맡겨도 1년은행양 도성예금증서의 하루치 이자를 지급하는 금리형 ETF 상품이다. 금리형 ETF 란 보유한 채권의 수익률의 영향을 받는 채권형 ETF와 달리 하루만 맡겨도 하루치 확정 이자를 지급하며 시중 금리 변동에도 자본 손익이 발생하지 않는 것을 특징으로 한다.

채권의 ETF의 경우 아무리 초단기채권이나 CP, CD 등 단기금융 상품으로 운용된다고 하더라도 단기 금리가 급격하게 상승할 경우 단기적으로 손실이 발생할 가능성이 있지만, 금리형 ETF는 변동되는 금리에 맞춰 해당 금리의 하루치 이자를 제공하기에 손실 가능성이 없는 '무손실 ETF'이다.

국내 최초의 금리형 ETF는 2020년 7월 7일 상장된 TIGER CD금리투자

ETF다. 은행이 발행하는 91일물 CD 양도성 예금증서를 기반으로 하루치 이자를 매일 지급한다. 예를 들어 오늘 91일물 CD금리 공시 이율이 3.65%라면 3.65%의 하루치 이자인 0.01%의 이자를 지급하고, 다음날 91일물 CD금리 공시 이율이 4%로 올랐다면(단기채권의 경우 금리가 오르면 평가 손실이 발생할 수 있지만) 자본 손실 없이 4%의 하루치 이자만큼의 하루치 이자를 지급하는, 시장 금리 변동에 따라 자본 손익은 발생하지 않고 하루치 이자의 크기가 변화하는 상품이다.

TIGER CD1년금리액티브 ETF는 기존의 TIGER CD금리투자 ETF보다 만기가 긴 1년 은행양도성예금증서 금리를 기반으로 하루치 이자를 제공하며, 통상 만기가 길수록 더 높은 금리를 지급하기에 91일물 CD금리보다 1년CD의 경우 더 높은 금리를 제공한다고 할 수 있다. 역사적으로 보았을 때 1년 CD금리는 시중은행의 1년 우대예금금리 수준을 보여주기에 결론적으로 하루만 맡겨도 은행 1년 우대예금금리를 받을 수 있는 획기적인 상품이라고 할 수 있다.

서두에 1993년 네이트 모스트에 의해서 최초의 ETF가 상장되며 펀드 투자의 혁신을 이루어냈다고 이야기했다. ETF를 왜 펀드 투자의 혁신이라 하는가?

첫째, 유동성의 혁신이다. ETF를 통해 이제는 투자자는 군이 은행이나 증권사와 같은 판매사에 방문하지 않고서도 편리하게 원하는 시간, 원하는 가격에 펀드에 쉽게 투자할 수 있기 되었다.

둘째, 비용의 혁신이다. 설정 환매만 존재하던 펀드 시장에 매매라는 것이

도입되면서 굳이 설정환매가 일어나지 않더라도 투자자 간 매수, 매도를 통해서 어떤 투자자는 펀드 투자를 시작하고 다른 투자는 펀드 투자를 종료할 수 있게 되었다. 이것은 펀드의 설정 환매로 인해 발생할 펀드 내 매매를 줄여주어 펀드 운용 비용이 감소하게 되었다.

나는 TIGER CD1년금리액티브 ETF를 유휴 현금 관리의 혁신이라고 생각하며, 기존 ETF와 다르게 촘촘한 호가를 제공하기 위해 주당 100만원으로 상장하였다.

TIGER CD1년금리액티브 ETF는 왜 유휴 현금 관리의 혁신인가?

첫째, 편리하게 매매할 수 있고 예금 가입 시점을 고민할 필요가 없기 때문이다. 불과 코로나19가 극심하던 시기에 시중금리는 1% 초중반에 머물렀던 것을 기억할 것이다. 만일 초저금리 시기였던 그때 장기 정기예금에 가입했다면 어땠을까? 과도한 중도환매 수수료 때문에 마음 편히 해지도 못하고 낮은 금리를 감수해야만 할 것이다. 반면에 TIGER CD1년금리액티브 ETF는 시중 금리의 변동을 매일 반영하여 하루치 이자를 주기 때문에 투자 시점을 고민할 필요가 없다. 시중 금리가 올라가면 내가 받는 이자도 올라가고, 반대로 시중 금리가 내려가면 내가 받는 이자도 내려가는 가장 합리적인 예금이라고 할 수 있다.

둘째, 예금 가입과 해지가 아닌 매매를 통해서 하루만 맡겨도 중도환매 수수료 없이 1년 은행 정기예금 수준의 금리를 받을 수 있기 때문이다. 기존 정기예금의 경우 중도에 환매할 경우 그동안 쌓인 이자의 상당 부분에 해당하는 중도환매 수수료를 부과해야 한다. 주요 시중은행 정기예금의 중도해약 인정

비율을 살펴보면 1개월 후에는 10~50%, 6개월이 지나도 40~70%에 지나지 않는다. 불가피하게 만기를 채우지 못하면 그동안 쌓은 이자의 상당 부분을 패널티로 지불해야 하는 것이다.

〈시중은행 정기예금 중도해약 인정비율〉

구분	상품 금리	중도해약 인정비율 1개월 후	중도해약 인정비율 6개월 후
A 은행 정기예금	3.65%	20%	70%
B 은행 정기예금	3.65%	50%	60%
C 은행 정기예금	2.41%	10%	40%
TIGER CD1년금리액티브	3.83%	100%	100%

〈6개월 후 중도해약 시 연환산 수익률 비교〉

※ 정기예금 우대금리 평균치 및 각 은행별 홈페이지 고시 중도해약 약정이율 인정 비율
출처: 미래에셋자산운용, 기준일: 2024.01.02

하지만 TIGER CD1년금리액티브 ETF는 중도환매 수수료가 없다. 이는 은행에 직접 가입하고 환매하는 정기예금과 달리 증권시장에서 매수하고 매도하기 때문이다. 따라서 투자자는 중도환매 수수료 걱정 없이 언제라도 TIGER CD1년금리액티브 ETF로 은행 1년 정기예금 수준의 금리를 받으면서 중도환매 수수료 걱정없이 유휴 현금 관리를 할 수 있다.

셋째, 일복리 구조로 수익률을 극대화할 수 있다. 대개 연단리로 이자를 지급하는 정기예금과 달리 TIGER CD1년금리액티브 ETF는 하루치 이자가 일

복리로 지급된다. 따라서 같은 금리 수준이라고 하더라도 장기로 투자할 경우 더 높은 수익률을 거둘 수 있다. 이러한 복리효과는 투자기간이 길어질수록 극대화될 수 있다.

〈TIGER CD1년금리액티브 ETF 3년 투자 시 복리 효과 예시〉

		매수시점	1년 후	2년 후	3년 후
	일 복리 적용 시	10,000,000	10,390,408	10,796,058	11,217,545
−	단리 적용 시	10,000,000	10,383,000	10,766,000	11,149,000
=	수익 차이		7,408 <	30,058 <	68,544

※ 상기 예시는 손익 구조에 대한 투자자의 이해를 돕기 위해 현재 CD 1Y 금리 3.83%를 적용한 세전, 보수전 수익률 예시자료로서, 실제 수익률과 다를 수 있다.
출처: 미래에셋자산운용, 기준일: 2024.01.02

아울러 우리나라 '예금 투자의 혁신'을 이루어 낸 국내 최초의 TIGER CD1 년금리액티브 ETF는 채권형으로 설계하였기 때문에 연금계좌에서 100% 투자 가능하며 연금 안전자산 '수비형 전략'의 끝판왕이라고 자부한다.

03 ISA계좌와 찰떡궁합,
TIGER CD1년금리액티브

ISA계좌는 이른바 '만능통장'으로, 계좌 하나로 주식, ETF, 펀드, 리츠 등 다양한 자산을 하나의 계좌에서 투자할 수 있는 장점이 있다. ISA계좌의 또다른 장점은 3년 이상 투자했을 때 주어지는 비과세 혜택과 9.9% 분리과세 혜택이다.

종잣돈을 모아야 하는 투자자라면 3년의 투자기간을 가지고 ISA계좌를 통해서 TIGER CD1년금리액티브 ETF 투자를 하는 것을 권하고 싶다.

첫째, TIGER CD1년금리액티브 ETF는 별도의 우대 금리 조건 없이 1년 정기예금 수준의 금리의 이자를 하루만 맡겨도 월복리로 받을 수 있기 때문이다.

2023년 말 ISA계좌 편입 자산을 살펴보면 실제로 많은 투자자가 예적금으로 ISA계좌를 목돈 마련에 활용하고 있는 것을 알 수 있다. 전체 23조원 규모

중 13조가 넘는 금액이 예적금에 투자되어 있다. 하지만 ISA계좌에 가입할 수 있는 예적금 금리 수준의 일반 예적금보다 현저히 낮다는 것을 아는 투자자는 많지 않은 것 같다. 단순히 세제 혜택만 보고 은행에 신탁형 ISA계좌를 개설하고 예적금을 가입하는 경우가 많은데, 은행 입장에서는 굳이 높은 금리를 제시할 이유가 없기에 일반 예금 대비해서도 현저히 낮은 금리를 제공하고 있는 것이다.

따라서, 은행 예적금에 가입하는 대신 TIGER CD1년금리액티브 ETF를 활용하면 1년 은행우대금리 수준의 높은 금리를 받을 수 있으므로 활용을 검토해보면 좋겠다. 아울러 은행 예적금 가입이 불가능한 일임형 ISA계좌 투자자들도 ETF는 투자 가능하기에 TIGER CD1년금리액티브 ETF를 활용한 목돈마련 운용이 가능하다.

〈ISA계좌 편입자산 현황〉

(단위: 억원)

		투자중개형	신탁형	일임형	합계
예적금 등		8,949	125,842	711	135,502
주식형 펀드	국내	297	151	1,964	2,412
	해외	819	911	4,813	6,543
혼합형 펀드	국내	181	168	100	449
	해외	19	142	349	510
채권형 펀드	국내	94	119	3,953	4,166
	해외	18	31	835	884

MMF	107	12	520	639
ETF 등 상장펀드	17,868	2,072	75	20,015
주식	48,133	99	41	48,273
소계	90,521	133,388	13,857	237,766

기준일: 2023년 12월 말 기준

둘째, 중도환매 수수료가 없어 탄력적인 자금 운용이 가능하다. 기존 세제 혜택을 가진 계좌 대비 ISA계좌의 장점은 3년이 되기 전이라도 원금 한도 내에서는 언제든지 중도인출이 가능하다는 점이다. 이러한 ISA의 장점과 딱 맞어떨어지는 상품이 바로 중도환매 수수료가 없는 TIGER CD1년금리액티브 ETF다.

특히 이제 사회생활을 시작한 새내기라면 납입한도와 비과세 혜택이 확대되어 더욱 활용도가 높아진 만능통장을 이용한 목돈 마련에 TIGER CD1년금리액티브 ETF를 꼭 한번 활용해보길 바란다.

04 공격형의 끝판왕, TIGER 미국테크TOP10 채권혼합 ETF

앞서 살펴본 TIGER CD1년금리액티브 ETF가 연금 계좌 내 안전자산의 수비형의 끝판왕이라면, 공격형의 끝판왕은 누가 뭐라 해도 TIGER미국테크TOP10채권혼합 ETF다. 23년 11월 퇴직연금 감독규정 개정으로 연금 계좌에 투자할 수 있는 안전자산의 기준이 주식 편입 한도 40%에서 50%로 상향됨에 따라 적극적인 투자자들을 위해 업계 최초로 주식 비중을 40%까지 확대한 첫 ETF이기 때문이다.

앞서 설명한 대로 연금 계좌 내 안전자산 최소 비중인 30%를 주식 비중을 40%까지 담고 있는 TIGER 미국테크TOP10 채권혼합으로 담으면 전체 포트폴리오를 주식으로 약 83%까지 투자하는 효과를 가질 수 있어 연금 계좌 내 위험자산 비중을 극대화할 수 있는 효과가 있다.

〈ETF 유형별 퇴직연금 자산 구분〉			〈TIGER 퇴직연금 활용 예시〉	
ETF 유형	퇴직연금 자산 구분	퇴직연금 투자 한도	투자전략	퇴직연금 활용 예시
주식형	위험자산	70%	안정적 포트폴리오 운용	TIGER 미국테크Top10채권혼합 100% 투자
주식혼합형				
원자재형 등 기타				
채권혼합형	안전자산	100%	미국 주식 비중 극대화	TIGER 미국테크Top10 70% 투자 + TIGER 미국테크Top10채권혼합 30% 투자 → 미국테크Top10종목에 약 83% 투자하는 효과
채권형				

참고로 주식에 40% 담는 것이나 안전자산비중을 미국빅테크 10종목으로 구성된 미국테크TOP10으로 채우는 것이 부담스러운 투자자가 있다면, 나스닥100 지수에 30%를 투자하고 나머지 70%를 채권에 투자하는 TIGER 나스닥100 채권혼합 ETF도 있으니 고려해보길 바란다.

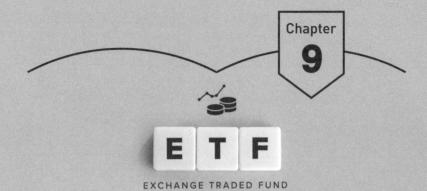

당신의 노후,
ETF로
준비하라

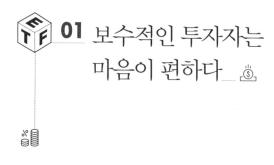

01 보수적인 투자자는 마음이 편하다

지금까지 ETF에 대한 기초적인 사항들을 살펴보고 노후 준비에 적합한 ETF들과 은퇴 이후 인출 솔루션에 적합한 월분배형 ETF, 그리고 연금 계좌 내 안전자산을 채워줄 ETF에 대해 차례로 알아보았다. 이제 ETF 전문가로서 ETF투자를 시작하고자 하는 투자자들이 참고했으면 하는 투자 원칙 세 가지에 대해서 이야기해 보고자 한다.

첫째, 단순한 전략이 승리한다는 단순성의 원칙, 오컴의 면도날 Occam's razor**이다.** 오컴의 면도날은 동일한 결과를 낳는 두개의 이론이 경합하고 있을 때, 더 단순한 것이 진실일 가능성이 높다는 단순성이 원칙이다. 투자의 세계에도 단순성의 원칙이 유효하다고 나는 믿는다. 시장에 다양한 투자 방법과 전략이 존재하지만 진실은 이해하기 어려운 복잡한 것이기 보다는 직관적이고 단순한 투자 전략일 가능성이 높다. 바로 우량하고 충분히 분산되어 있는

ETF를 선택하고 장기로 분할 매수하는 것이다.

둘째, 시간이 내 편이 되는 투자를 해야 한다. 직업의 선택 등 인생의 중요한 의사결정을 할 때 나는 항상 시간이 내 편이 되는지 시간과 싸워야 하는지를 중요한 판단 기준으로 생각해 왔다. 노후를 준비하는 투자에 있어서 우량 자산에 분산되어 있는 저비용의 ETF에 장기 투자하는 것은 시간이 내 편이되는 투자이다. 반면에 변동성이 크고 고비용인 자산에 투자하는 것은 시간과 싸워야 하는 투자이다. 특히 레버리지, 인버스 투자는 시간과 싸워야 하는 가장 대표적인 투자이므로 되도록 단기 투자로만 접근하기를 권한다.

셋째, 투자에는 정답이 없으며, 각자의 상황에 맞는 투자 방법을 스스로 결정해야 한다. 투자 관련 서적 중에 워런 버핏의 스승으로 알려진 필립 피셔의 《보수적인 투자자는 마음이 편하다》(원제목: Conservative Investors Sleep well)가 있다. 필립 피셔가 말하는 보수적인 투자란 '최소한의 리스크로 구매력을 유지하는 것'이다. 여기서 최소한의 리스크는 고정된 것이 아니라 본인의 상황에 따라 달라진다. 충분한 현금을 보유한 사람이라면, 일부 금액을 특정 종목에 '올인'하는 것 또한 보수적인 투자가 될 수 있지만, 어떤 투자자에게는 안전자산에 투자해서 종잣돈을 마련하는 것만이 본인에게 맞는 보수적인 투자가 될 수 있다. 따라서 '본인의 상황에 맞는' 투자 방법을 스스로 고민하고 결정해야 한다.

아울러 투자에 있어서 리스크 없이 높은 수익을 가져다 주는 방법은 없으며 만일 어떤 사람이 특정 전략을 반드시 이기는 필승 전략이라고 이야기한다면 그는 다른 사람을 속이고 있거나 혹은 스스로 착각하고 있는 것이라는 점을 투자자들에게 당부하고 싶다.

02 보수적인 ETF 투자자는
마음이 더욱 편안하다

성장주 투자의 개념을 처음 만든 전설적인 투자자, 필립 피셔가 보수적인 투자자는 마음이 편하다고 했다면, 나는 **'보수적인 ETF 투자자는 마음이 더욱 편안하다'**고 이야기하고 싶다. 왜일까?

첫째, ETF 투자는 분산투자이기 때문이다. 국내에 상장된 ETF 경우 자본시장법 규정에 따라 ETF 내에 편입 종목을 최소 10종목 이상으로 하는 것을 의무화하고 있다. 한두 종목에 몰빵 투자하는 것보다 ETF 투자가 마음이 더 편한 이유는 ETF는 기본적으로 분산투자 방식이기 때문이라고 할 수 있다.

둘째, ETF 투자는 종목 선택과 사후 관리에 대한 부담이 적기 때문이다. 개별 주식에 투자하는 투자자는 투자 종목을 선택하기 위한 노력이 필요하다. 그리고 더욱 번거로운 것은 투자한 이후에 해당 종목에 이슈가 없는지 계속 확인해야 한다는 점이다. 개별 종목 투자자는 본인이 투자했던 기업에 예상치 못했던 산업 변화가 있는지, 대표이사의 횡령이나 배임 등의 생각지 못한 이벤트들이 발생하지는 않았는지 그리고 유상증자나 기업 분할 등의 중요한 기업 구조 변화는 없는지 등을 계속 확인해야 한다. 하지만 ETF 투자자는 해당 이슈들을 ETF 펀드매니저가 다 챙겨서 대응해주므로 투자자는 내가 투자한 산업이나 테마, 지수 단에서의 변화만 가끔 확인해주면 되기에 개별 기업 투자보다 마음이 편하다.

셋째, ETF에는 시장의 변화를 자연스럽게 반영해주는 지수 리밸런싱이라는 절차가 있기 때문이다. 길게는 1년에 1회, 많게는 분기나 한달에 1회 정도 편입 종목을 점검해서 비중을 조정해주고, 기준에 맞는 종목을 새롭게 편입하고 기준에 맞지 않는 종목을 제외시키는 것이 바로 지수 리밸런싱이다. 앞으로 우리는 테슬라가 지금까지 보여줬던 혁신을 이어갈 수 있을지 아닐지 알 수가 없다. 혹시나 테슬라가 2024년 초 지금의 위기를 극복하고 그동안 보여줬던 혁신을 또다시 보여준다면 지수 내에 테슬라의 비중은 자연스럽게 늘어날 것이다. 반면에 테슬라가 변화하는 시장 환경에 대응하지 못하고 혁신을 잃게 된다면 자연스럽게 지수에서 비중은 줄어들고, 결국엔 지수에서 편출되는 날이 올 것이다.

마지막으로 ETF는 저보수이기 때문에 마음이 편하다. 일반 펀드의 경우 적게는 1%에서 많게는 2%가 넘는 펀드 보수를 매년 지불해야 하지만 ETF는 보수가 낮다. 앞서 소개한 TIGER 미국S&P500의 보수는 0.07%, TIGER 미국배당다우존스의 보수는 0.01%로 특히 우리나라 ETF 시장은 자산운용사간 치열한 경쟁으로 세계에서 유례 없는 수준의 저보수를 유지하고 있다. 그만큼 투자자에게 유리한 환경이다.

ETF

EXCHANGE TRADED FUND

Epilogue

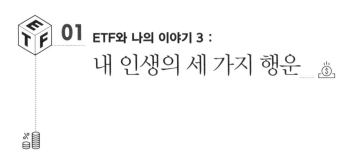

01 ETF와 나의 이야기 3 :
내 인생의 세 가지 행운

이제 투자에 대한 이야기를 모두 마무리하고 투자 에세이답게 몇 가지 개인적인 이야기와 그동안 ETF와 나 사이에 있던 이야기를 몇 가지 더 나누고 글을 마무리하고자 한다. 먼저 내가 생각하는 내 인생의 세 가지 행운에 관한 이야기다.

첫째, 자식 교육에 모든 걸 바친 부모님을 만난 것. 유복하지 않은 어린 시절이 자랑할 것은 아니지만, 이제 내 나이 40대 후반, 부모님의 그늘에서 완전히 벗어나 사회에 나와서 그동안 내가 살아온 것에 대한 결과물로 살아가게 된 나이로 이제는 그다지 부끄럽다는 생각 없이 지난날 부모님과 함께했던 청소년 시절에 대해 담담하게 이야기할 수 있을 것 같다.

우리 부모님, 특히 우리 아버지는 경기도 파주에서 5남 1녀의 막내 아들로 태어나 남들보다 일찍 사회 생활을 시작하셨다. 남들 대학 갈 나이인 20살 초반에 어머니를 만나 결혼을 하고 삼남매를 낳으셨는데, 삼남매 교육을 시키겠다며 형제자매가 모두 남아 있는 삶의 터전인 경기도 파주를 떠나 아무 연고도 없는 서울에서 생활을 시작하였다. 어찌 보면 자식 교육 하나만 생각하고 저지른 무모한 결정이었다. 지금 돌아보면 파주에 남아 있던 다른 식구들 중 가지고 있던 땅값이 많이 올라서 나름 부유해지기도 하고, 축산 관련 대학을 나와 큰 목장을 꾸리기도 하며 각기 잘 살아오셨지만, 결국 파주라는 울타리에서 크게 벗어나지는 못한 것 같다. 반면에 나와 우리 형제자매는 집안 형편은 넉넉하지 않았지만 모든 것을 다 바쳐서 교육의 기회를 주고자 했던 부모님 덕분에 부모님 세대와는 사뭇 다른 인생을 살 수 있게 된 것 같다.

생각해보면 한창 나이에 모든 것을 포기하고 어떻게 자식 교육에 모든 것을 바칠 수 있었는지 내가 그 당시의 아버지 어머니 나이가 되고 나니 '내가 그 입장이었다면 도저히 못했을 것 같다'는 생각이 든다. 그런 의미에서 혈혈단신 서울로 올라와서 모든 것을 바쳐서 나에게 배울 수 있는 기회를 주신 아버지와 어머니를 둔 것이 내 인생이 첫 번째 행운으로 꼽으며, 부모님께 진심으로 감사드린다. 부모님께서 재산이 아닌 교육과 본인들은 경험해 보지 못한 세계를 경험할 수 있는 기회를 주신 덕분에 지금 미국, 호주, 홍콩, 싱가폴 등 전 세계를 돌아다니며 비즈니스를 할 수 있게 된 것 같다.

책을 통해서 굳이 밝히지도 않아도 되는 나의 과거 이야기를 꺼내는 이유는 본인의 인생을 포기하고 자식에게 헌신하신 아버지에 대한 아들의 작은 보답이랄까. 이 정도의 호사 정도는 누리실 자격이 되신다고 생각하기에 업계 사람들과 가까운 지인들조차도 몰랐던 나의 어린 시절에 대한 이야기를 꺼내 놓으며, 이제야 수줍게 첫째 아들이 아버지와 어머니께 진심으로 감사드린다는 말씀을 올린다.

둘째, ETF를 업으로 하게 된 일. 앞서 내가 ETF 업무를 시작하게 된 이야기를 털어놓았다. 내가 ETF 시장에 대한 정말 대단한 통찰력과 비전이 있어서도 아니었고, 그저 우연과 좋은 사람들 덕분에 ETF 일을 하게 되었다. 결과적으로 나는 지금도 ETF 업무가 너무 좋고, 이 업무를 통해서 더 배우고 발전하고 싶다. ETF 운용이라는 업무를 통해 투자자들이 노후를 준비하는 데 도움을 줄 수 있고, 내가 어떻게 만들어 가느냐에 따라서 앞으로도 무한히 발전할 수 있는 시장이기 때문이다. 아직도 잠을 자다 떠오르는 새로운 아이디어에 설레어 깨기도 하고, 운동을 하거나, 산책을 하다가 끊임없이 이러면 좋을지 저러면 어떨지 고민하는 것이 즐겁다.

물론 처음부터 항상 즐거웠던 것은 아니었다. ETF 업무를 처음 시작한 후 얼마 지나지 않아 리만 브라더스 사태로 불리는 글로벌 금융위기가 발생했고 채권에 남아 있던 친구들, 특히 외국계 은행이나 증권사에서 자기 자본 계정을 운용하는 친구 매니저들이 채권 금리 급락(채권 가격 상승)으로 큰 돈을 벌었다는 소식에 잠 못 이룬 적도 있었고, 1년이 지나도 별 성장이 없는 ETF 시장에 답답하고 이걸 계속 해야 하는지 밤새워 고민하던 시절도 있었다. 하지만 딱 1년만 더 죽을 힘을 다해보고 안 되면 그때 다른 일을 찾자고 결심하고는 1년 간 제일 늦게 퇴근하는 미션을 시작했다. 그러다 어느 순간 그런 고민은 다 사라지고 어떻게 하면 더 잘할 수 있을지만 고민하면서 여기까지 온 것 같다. 그런 의미에서 나에게 ETF 업무을 권해주신 전 삼성투신운용 인사재무담당 전

무이시자 전 현대자산운용 사장님이신 한규선 사장님께 이 자리를 빌어 진심으로 감사드린다는 말씀을 전한다. 아울러 최고의 ETF 전문가 밑에서 일을 배울 수 있었던 점도 행운이었다고 생각한다. 일을 대하는 치열함에 대해서 가르침을 주신 현 한국신탁운용의 배재규 사장님, '자면서도 고민하라'며 격려해 주시던 삼성자산운용의 최고마케팅 임원 CMO^{Chief Marketing Officer} 김두남 상무님께도 감사의 말씀을 전한다.

셋째, 미래에셋에서 일할 수 있는 것. 지금 일하고 있는 회사에서 일할 수 있다는 걸 감사하다고 쓰는 게 좀 낯부끄럽기도 하지만 사실은 사실이기에 이 이야기도 하려고 한다. 미래에셋에서 일할 수 있게 된 것이 감사한 이유는 단지 미래에셋이 글로벌한 좋은 회사이기 때문만은 아니다. 나의 첫 직장이었던 삼성자산운용에서의 마지막 1년은 매너리즘으로 점철된 시기였다. 그것은 전 직장 탓이 아니라 온전히 나의 문제였고 그 당시 좀처럼 벗어나기 어려웠다. 운이 좋게 미래에셋에서 일할 수 있게 되었고 이직 초반 코로나19라는 어려움을 겪으면서 살아남기 위해, 처자식 굶기지 않기 위해 노력하면서 그동안 스스로 정말 많이 성장하게 되었음을 느낀다.

2024년 지금의 나는 2019년 삼성자산에 있던 매너리즘에 빠져 있던 나와는 전혀 다른 사람이라고 자신있게 말할 수 있다. 나 스스로의 노력과 미래에셋이라는 글로벌한 환경이 나를 성장시켰다고 본다. 그리고 미래에셋의 출근 첫날 많은 선배 임원들 앞에서 입사 인사로 했던 말처럼 미래에셋으로의 이직은 내가 대기업에 다니는 '안정적인 회사원에서 진정한 금융인으로' 새로 태어난 계기였다. 생각했던 것보다 미래에셋이라는 전문 금융기업은 훨씬 더 체계적이고 합리적인 진정한 글로벌 금융회사임을 느낀다. 지금도 가끔 미래에셋에 처음 출근했던 날 오후에 지금은 미래에셋증권 부회장이신 당시 미래에셋자산운용 김미섭 사장님으로부터 받은 문자를 생각하곤 한다.

"김남기 이사, 미래에셋 합류를 축하합니다. 미래에셋에서 김남기 이사가 맘껏 꿈을 펼칠 수 있도록 도와줄게요."

미래에셋 이직을 통해 안전한 대기업에서 평생 회사원으로 살 수도 있었던 내가 진정한 금융인으로 이렇게 성장할 수 있었기에 2019년 미래에셋에서 일할 수 있게 된 것을 내 인생의 세 번째 행운으로 생각하며 진심으로 감사드린다.

02 ETF와 나의 이야기 4 :

직업으로서
ETF 운용역이
행복한 이유

ETF 업무를 처음 시작하는 후배들에게 종종 해주는 이야기인데, 이 자리를 빌어서 직업으로서 ETF 운용역이 좋은 이유에 대해서도 이야기해보고자 한다.

직업으로서 ETF 운용역이 행복한 이유는 첫째, 인간의 가장 높은 수준의 욕구를 충족해주기 때문이다. 인간의 욕구에 관한 이론 중 가장 유명한 이론은 매슬로우의 인간 욕구 5단계 이론일 것이다. 그는 인간이 욕구를 가장 낮은 단계인 1단계부터 가장 높은 5단계까지 5개로 구분했는데, 1단계는 먹고사는 기본적인 생리적 욕구, 2단계는 안전의 욕구, 3단계는 사랑과 소속의 욕구, 4단계 존중의 욕구 그리고 이 모든 욕구가 충족된 이후에 추구할 수 있는 5단계를 자기실현의 욕구라고 했다.

하지만 나는 매슬로우의 5단계 욕구를 뛰어넘는 더 높은 수준의 욕구가 있다고 생각하는데, 바로 '이 세상에 흔적을 남기려는 욕구'이다. 스티브 잡스도

"우리는 우주에 흔적을 남기기 위해서 여기에 왔다"고 하지 않았는가. 이 세상에 내가 있었다는 것을 남기려는 욕구, 즉 '흔적을 남기려는 욕구'가 나는 인간의 가장 최상위 욕구라고 생각하는데, ETF는 바로 인간의 이 욕구를 채워줄 수 있는 업무이다. 왜냐하면 좋은 ETF를 설계하고 만들면 시장이 존재하는 한 그 ETF 또한 계속 존재할 것이기 때문이다. 2020년 상장한 TIGER 미국S&P500 ETF는 미국 주식시장과 우리나라 한국거래소가 존재하는 한 계속 존재할 것이고, 내가 국내 최초로 상장했던 국고채권 ETF도 우리나라 채권시장이 존재하는 한 계속 존재해서 투자자들이 투자할 수 있을 것이라고 생각한다. 그런 면에서 나는 후배들에게 본인이 개발하고 상장해서 운용하는 ETF를 제 자식 돌보듯이 돌보라고 이야기한다. 세상에 흔적을 남긴다는 마음으로 업무를 한다면 정말 최선을 다해서 좋은 상품을 개발하고 운용할 수 있을 것이다. 가끔은 이런 상상을 한다. 우리 딸의 아이, 그리고 그 아이의 아이, 아니면 그 이상이 내가 만든 ETF를 보고는 우리 할아버지의 할아버지가 만든 상품이라고 자랑스러워 하는 모습을.

그리고 그럴 때면 더 좋은 작품, 이른바 마스터피스, 걸작을 만들어야겠다는 의지가 불타오른다.

직업으로서 ETF 운용역이 좋은 두 번째 이유는 ETF 운용이라는 직업은 시간이 내 편이 되는 직업이라는 것이다. 많은 직업들이 시간이 지나면 경험이 쌓이고 실력이 늘지만 그 정도는 직업에 따라 다르다. 돌이켜보면 채권운용역을 하던 시절의 고민도 이런 것이 아니었나 싶다. '채권 시장에서 3년 정도 배우고 나니 어느 정도 채권운용역의 업무에 대해 알게 된 것 같은데, 내가 이

일을 더 한다고 해서 더 잘할 수 있을까?' 하는 의심이 문득 스쳐갔다. 가령, 우리는 액티브 운용의 세계에서 베테랑 주식 운용역을 이기는 원숭이의 이야기를 잘 알고 있다. 시간이 지나면 시장과 종목에 대해 더 많은 것을 알 수 있게 되겠지만 그렇다고 그 매니저가 이제 운용을 막 시작한 운용역보다 항상 더 높은 수익을 거둔다는 보장이 없다. 그 시장은 원래 그런 것이다.

하지만 ETF 운용업은 전혀 다르다고 생각한다. ETF 상품개발과 운용은 시장을 가장 잘 이해하고, 법과 규정을 가장 정확히 알며, ETF 생태계에 일하는 사람들과 좋은 관계를 맺고, 투자자의 특성을 가장 잘 이해하고 가장 고민을 많이 하는 사람이 무조건 더 잘하게 되어 있다. 시간과 노력이 무조건 내 편이 되고 자산이 되는 업인 것이다.

이런 면에서 나는 직업으로서 ETF 운용역이 행복하다고 생각하며, 우리 후배들도 ETF 업무를 진정으로 좋아하고 즐기길 바란다.

03 그토록 원했던 TIGER 3.0

이제 이 책을 통해서 하고자 하는 이야기가 거의 끝이 나고 있다. 이제는 'TIGER 3.0'에 대해서 이야기하려고 한다. 'TIGER 3.0'은 내가 미래에셋에 이직하면서 캐치프레이즈로 만들었던 단어다. 2006년 ETF 시장에 진입해서 2019년까지 오랜 기간 동안 국내 ETF 시장에서 순자산 기준으로 시장 점유율 20% 초반에 머물렀던 TIGER ETF를 시장 점유율 30%대로 바꾸겠다는 다짐을 담은 선언적인 단어다. 입사를 하고 야심차게 TIGER 3.0을 외쳤지만 입사전 모 임원분과 카페에서 이야기를 하면서 "TIGER가 M/S 30%만 달성하면 어마어마한 보상을 받을 텐데…." 하시는 말씀에 혼자 속으로 '아휴~ 그건 거의 불가능하죠.' 했을 정도로 TIGER의 시장 점유율 30%는 그 당시 나뿐만 아니라 모두가 꿈처럼 생각했던 숫자였다. 오히려 2020년 초반이 되자 코로나19 사태로 1위인 KODEX와의 격차가 좁아지기는커녕 더 벌어졌다.

아래 사진은 미래에셋에 입사하고 두 달이 채 지나지 않은 시기인 2019년 말 삼청각에서 TIGER 송년의 밤 행사를 마치고 부문원들과 함께 찍은 사진이다. TIGER 3.0을 외치며 손가락 세개를 펼치고 있다. 그토록 간절했던 TIGER 3.0은 결국 따라가는 것을 포기하고 우리만의 길을 가자고 다짐한 순간, 갑자기 한발 한발 우리에게 가까워지기 시작했다.

04 TIGER 3.0을 넘어 TIGER No.1의 시대로

그동안 TIGER ETF는 투자자들의 과분한 사랑을 받으며 성장했다. 그 결과 꿈에 그리던 TIGER 3.0을 달성하고 순자산 50조 달성을 눈앞에 두고 있다. 하지만 이제 더 이상 시장 점유율은 중요하지 않다고 생각한다. 그동안의 성공은 시장 점유율이나 비즈니스 목표 달성을 위해 노력했던 결과가 아니라 투자자만을 바라보고 우리의 투자 철학을 지켰기 때문에 이룬 성과이기 때문이다.

이제 우리의 목표는 TIGER 4.0이 아니라 투자자들의 마음 속에 언제나 일등인 'TIGER No.1'이다. 앞으로 우리는 실수를 할 수도 있을 것이다. 우리가 생각했던 투자자에게 좋은 상품이 오히려 투자 손실로 이어져 투자자들에게 누를 끼칠 수도 있을 것이다. 하지만 이 자리를 빌어 우리가 실수를 할 수는 있겠지만 단지 시장 점유율을 올리기 위해, 경영 실적을 달성하기 위해 투자자들에게 필요한 상품이 아닌 투자자들에게 팔릴 만한 상품을 개발하고 권하지 않을 것임을 다시 한번 약속드리고 싶다. 앞으로 타이거는 투자자의 평안한 노후를 지킨다는 투자 철학을 지키는 상품을 개발하기 위해 노력하고 투자자와의 신뢰를 지키기 위해 최선을 다할 것이다. 앞으로도 팀 타이거에게 투자자 여러분들의 지속적인 관심과 그리고 애정 어린 조언을 부탁드리며 부족한 글을 마무리한다.

감사의 글

이제 모든 글을 마무리하고 마지막으로 감사의 이야기를 하고자 한다. 앞서 내 인생의 세 가지 행운에서 이야기하지 못한 또 하나의 행운이 있는데 바로, 대화가 잘 통하는 현명한 아내와 결혼했다는 것이다. 대학교 친구의 소개로 홍대에서 처음으로 만나 첫눈에 반해 100일 만에 깜짝 프로포즈를 하고는 1년 만에 결혼을 했다. 그동안 다툰 적도 많고 여러가지 우여곡절도 많았지만 현명한 아내 류연희 덕분에 부족한 내가 흐트러지지 않고 여기까지 올 수 있었다고 생각한다. 대화도 잘 통하고 현명한 데다 요리까지 잘하는 나의 전속 요리사, 아내를 만난 것이 내 인생의 최고의 행운이라고 생각한다. 아내를 만나고 맛있는 음식을 요리하고 함께 나눠 먹는 것이 인생의 큰 즐거움이라는 사실을 깨달았다. 그리고 나와 아내를 닮은 귀여운 김나린, 내 딸을 만난 것도 감사하다. 중2인데도 까탈스럽지 않고 무난하게 사춘기를 보내고 있는 우리 딸을 만난 것은 이 세상 누구를 만난 것보다 감사하고 행복한 인연이라고 생각한다.

버킷리스트였던 인생의 첫 책의 원고를 마무리하면서 평생 책의 소비자로서의 삶에서 이제 책의 생산자로서 처음으로 태어난다는 사실도 감격스럽다. 그동안 인생의 고비마다 책을 붙들며 버텨왔고 그러다 좋은 책을 만날 때면, 나보다 먼저 인생을 살고 나보다 먼저 내가 지금 하는 고민을 경험하고서는 그 고민에 대한 본인의 대답을 아낌없이 나눠주는 작가들에게 정말 고맙다는 생각을 했는데, 이제 누군가에게 나도 그런 존재가 될 수 있다면 더없이 행복할 것 같다.

모쪼록 이 책을 통해서 투자자분들이 ETF에 대해 좀 더 이해하고 더 친숙해지는 계기가 되길, 그래서 각자에게 맞는 '보수적인 투자 전략과 포트폴리오'를 구축하는 여정에 도움이 되길 기대해 본다.

그동안 TIGER ETF가 이렇게 성장할 수 있었던 것은 묵묵히 본인의 역할에 최선을 다해준 우리 팀 타이거, 미래에셋 ETF운용부문과 마케팅부문원들 덕분이라고 생각한다. 이 자리를 빌어 ETF 마케팅 성태경 대표님 이하 부문원들과 ETF운용부문 한명 한명에게도 감사의 말씀을 전한다. 아울러 이 책에 소개한 상품 자료 중에 많은 부분을 우리 팀 타이거 매니저들이 작성한 상품 제안서의 내용을 참고했다는 점을 밝힌다. 그런 면에서 이 책의 공저자는 우리 팀 타이거의 매니저들이라고 할 수 있겠다.

아울러 이 자리를 빌어 국내 ETF 시장의 성장을 위해 오랜 시간 동거동락한 ETF 생태계 선후배님들께도 감사의 말을 전하고 싶다. 국내 최고의 LP 팀이자 최고의 팀워크를 자랑하는 미래에셋증권 박경수 대표님 이하 S&T부문원들, 2008년 주니어 시절부터 함께 ETF 시장에 대한 꿈을 함께 키워온 최고의 파트너이자 국내 최고 역량의 LP 하우스인 메리츠 증권 LP팀을 이끄는 조영준 상무, ETF 거래량 측면에서 압도적인 호가 제시 능력을 자랑하는 키움증권의 늘 든든한 홍완기 상무, 국내 ETF 시장이 한차원 높은 유동성을 제공할 수 있도록 늘 도움을 주시는 글로벌 마켓메이커사 OPTIVER의 박찬식 대표님, 도전적이고 혁신적인 상품 출시에도 항상 적극적으로 참여해주시는 ETF 황금세대 NH증권 정병훈 상무님, KB증권 김병구 상무님 그리고 유진투자증권 박민성 상무님, 궂은 일도 늘 마다하지 않고 살펴 주시는 한투증권 박태홍 상무님과 조광연 상무님, 그리고 이름을 거론하지 못한 많은 선후배님께 감사의 인사를 전한다.

마지막으로 팀 타이거 운용과 마케팅이 한 팀으로 똘똘 뭉쳐 하나의 꿈을 향해 달려갈 수 있도록 화합의 리더십으로 이끌어 주시고 항상 현명한 판단과 명확한 의사결정으로 조직을 이끌어 주시는 이준용 부회장님께도 감사의 말씀을 전한다.

"호랑이는 굶주려도 풀을 먹지 않는다."

앞으로도 팀 타이거는 경영성과를 달성하기 위해, 시장 점유율을 늘리기 위해 당장 팔릴 만한 상품을 출시하기보다는 '연금계좌를 통한 ETF 장기 투자'라는 우리의 투자 철학에 부합하는, 투자자들께서 노후를 준비하는 데 도움이 될만한 상품을 제공하도록 최선을 다할 것임을 다시 한번 약속드리면서 부족한 글을 마무리한다.

끝까지 읽어 주셔서 감사합니다.

2024년 6월 11일

Memo